비문학편

5단계 A

문해력을 키우려면 어떻게 해야 할까요?

- 우리말에 대한 이해가 필수예요.
- 문장을 구조적으로 읽는 연습이 필요해요.
- 글 전체와 부분의 관계를 생각하며 읽는 태도가 필요해요.

문해력이란 무엇인가요?

문해력의 사전적 의미는 독해력과 거의 비슷해요. 글을 읽고 그 뜻을 이해하는 능력을 뜻하지요. 다만 독해 교육과 관련한 용어로서 문해력은 문장과 글을 구조적, 기술적으로 파악하고 글 전체를 이해하여 응용하는 능력을 뜻해요. 또 독해력은 글의 읽기 능력만을 뜻하지만 문해력은 우리말의 기능과 역할에 대한 이해를 바탕으로 글을 읽고, 쓰고 다루는, 종합적인 능력을 뜻해요.

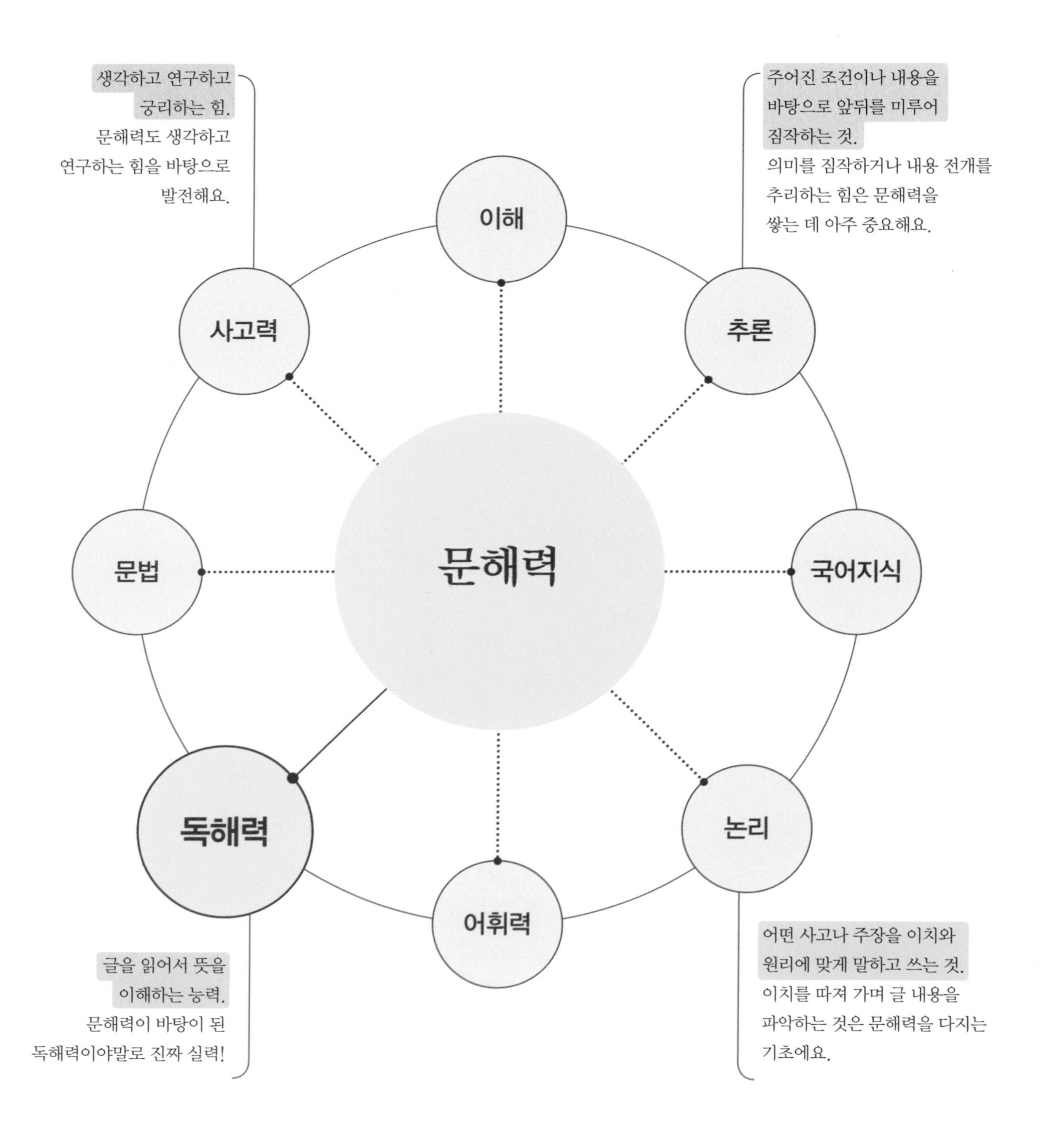

비문학 독해에

문해력이 중요한 까닭은 무엇인가요?

비문학 글은 정보 전달을 주된 목적으로 해요.
정보에 대한 **사실적 이해**와 주요 내용을 정리하고 기억하는 **구조적 이해**가 중요하지요.

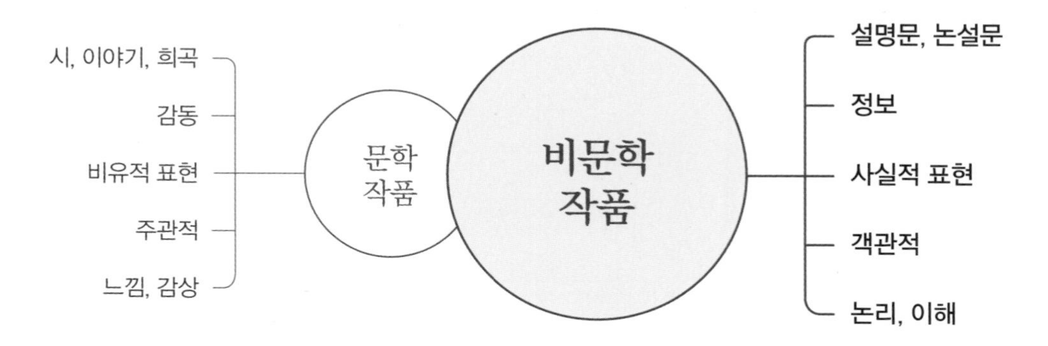

그래서 문장이나 글을 기능적, 구조적으로 읽는 **문해력이 바탕이 되면 비문학 글을 쉽게** 읽을 수 있어요.
문해력을 바탕으로 읽은 글은 글을 읽고 나서도 그 내용을 보다 오랫동안 기억할 수 있지요.

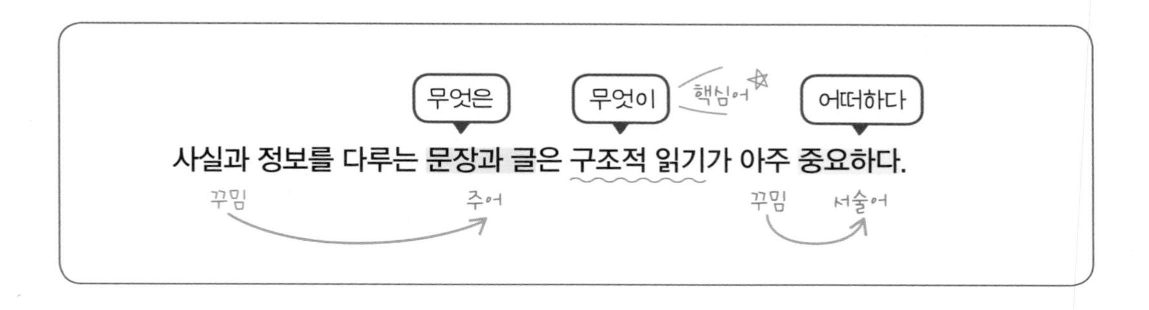

거꾸로 **비문학 글은 문해력을 키우는 데 도움**이 돼요.
문장이나 글의 짜임을 파악하는 연습을 문학 작품보다 쉽게 할 수 있고 핵심 정보를 뽑아내는 훈련을 하는 데도 좋아요. 그리고 글의 구조도 단순하기 때문에 글 전체를 보는 안목도 기를 수 있어요.
이처럼 문해력과 비문학 독해는 서로의 능력을 돕고 도와주는, 함께 커 가는 쌍둥이라고 할 수 있어요!

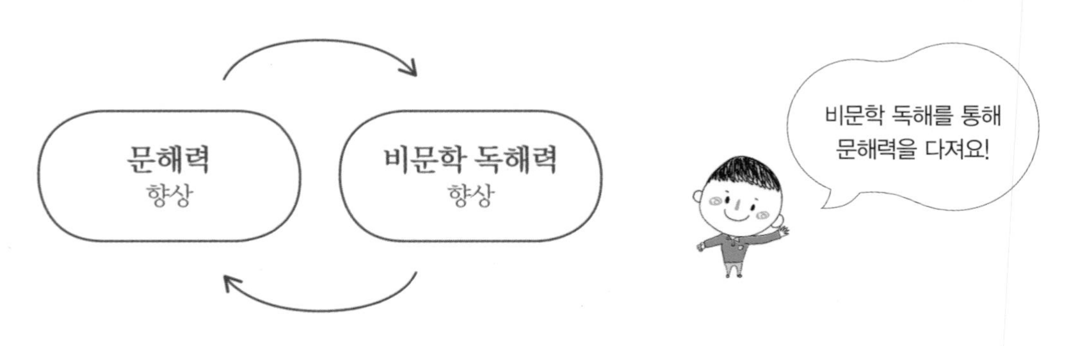

구성과 특징

초등 문해력 독해가 힘이다(비문학편)은 문해력을 바탕으로 비문학 독해의 사실적 읽기, 구조적 읽기를 훈련할 수 있게 구성하였습니다.

1일차

문해 기술

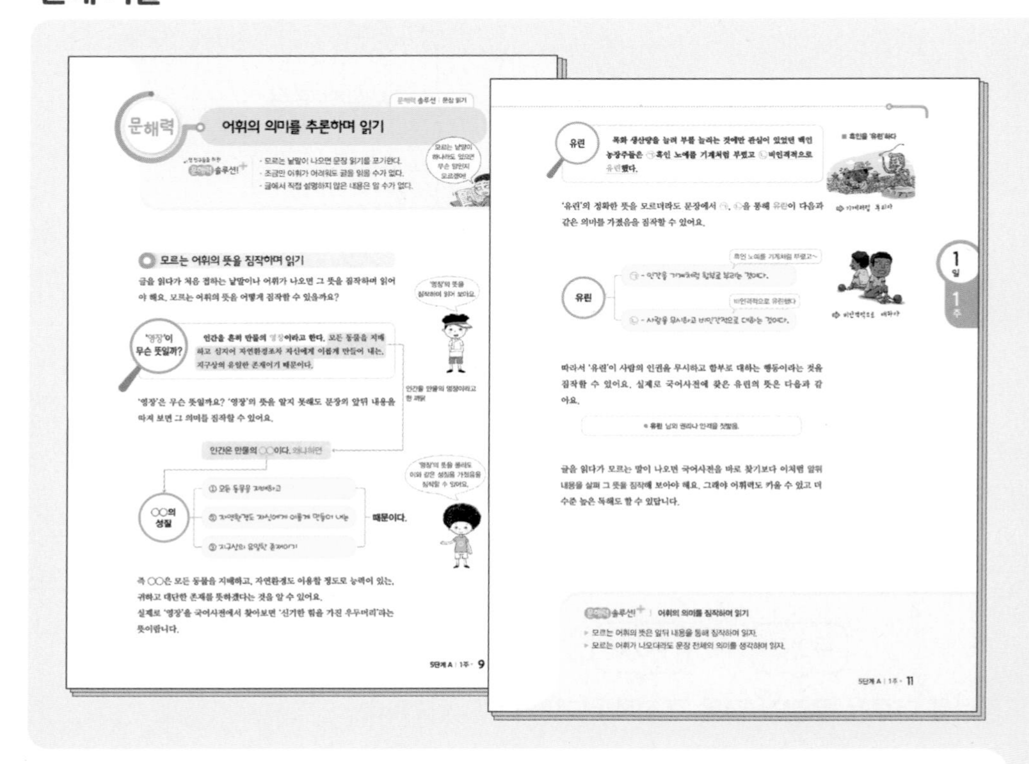

- 문장 읽기
  - 주술부
  - 문장 성분
  - 호응
  - 접속어
  - 어휘 추론
- 핵심 정보 파악
  - 주제
  - 핵심어
  - 중심 낱말
  - 중심 문장
  - 문장 단순화
  - 정보의 구분
- 내용 구조화
  - 문단
  - 단락
  - 글의 구조
  - 요약
  - 재구성
  - 내용 구조
  - 시각화
- 자료 읽기
  - 표
  - 도형
  - 그래프
  - 자료 해석

교과 과정에 따른 영역별 비문학 지문

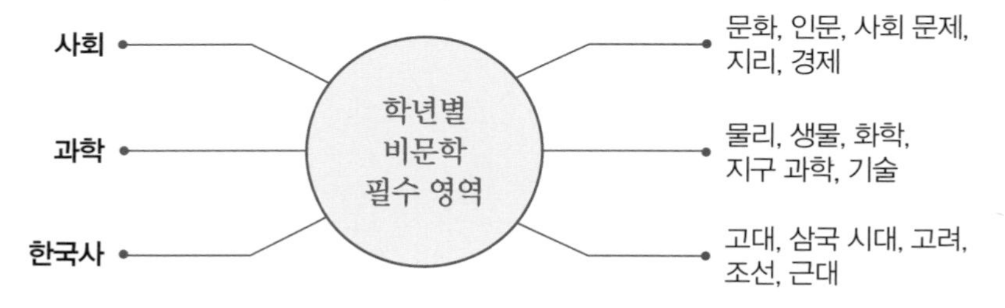

문해 기술을 적용한 비문학 독해

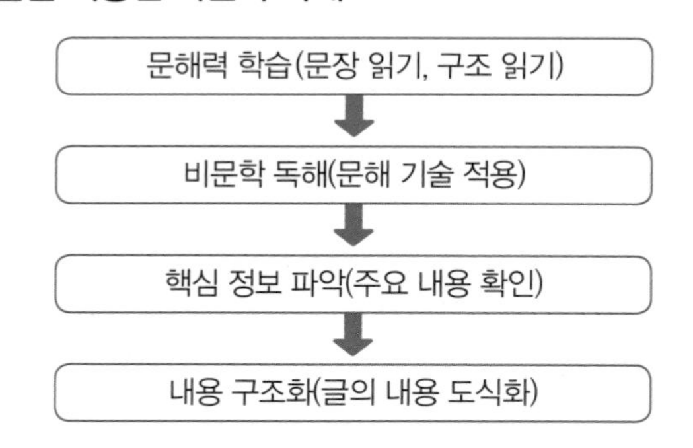

2일 ~ 5일차

비문학 독해 지문

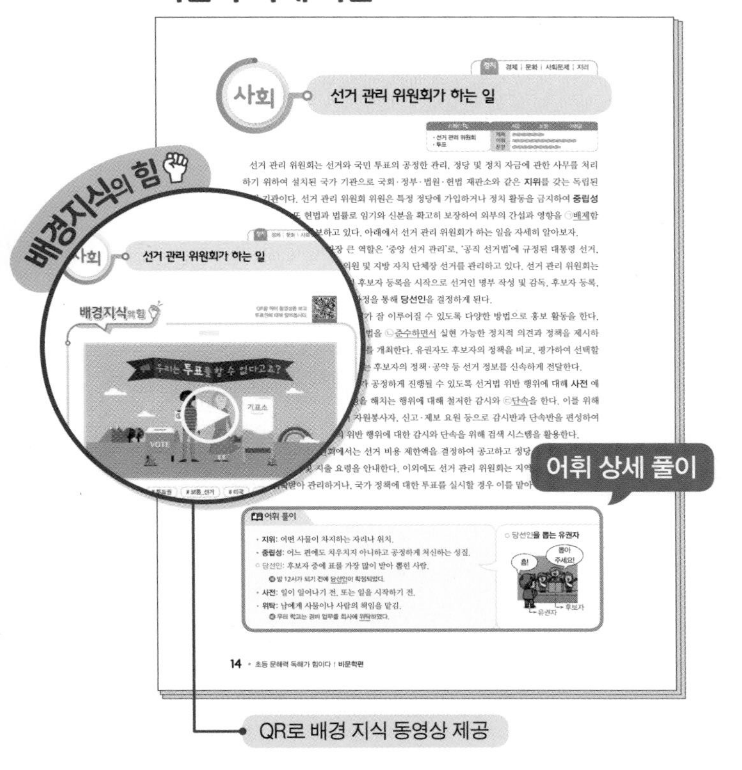

QR로 배경 지식 동영상 제공

문해 기술을 적용한 독해 문제

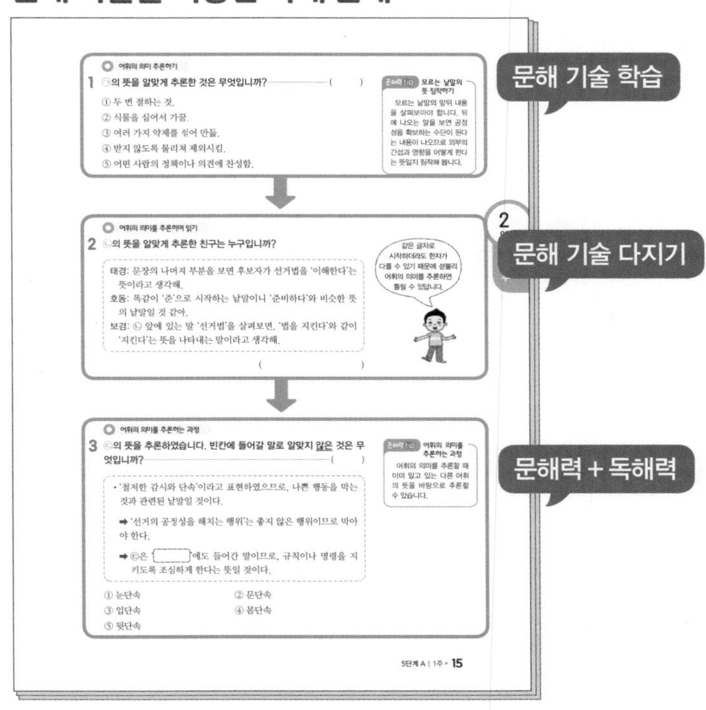

독해 지문 완벽 이해

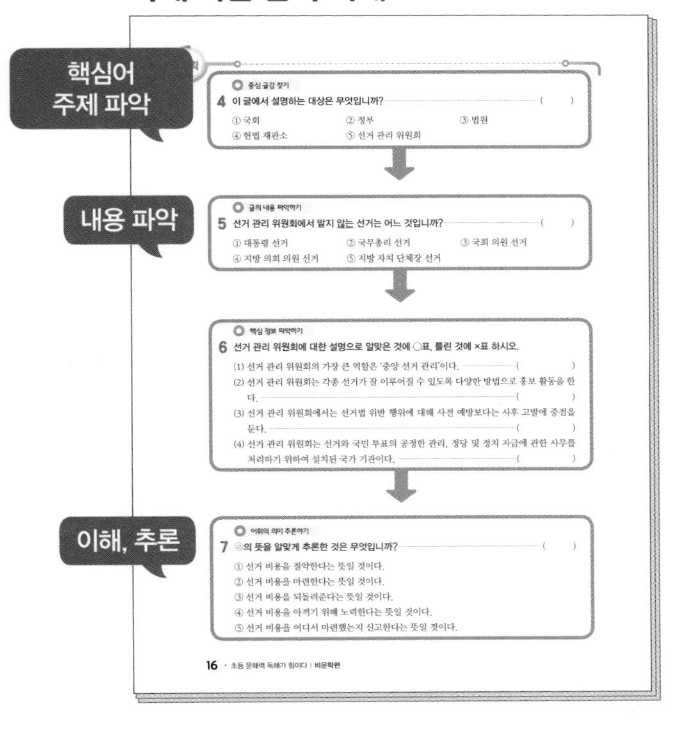

독해의 힘 내용 구조화

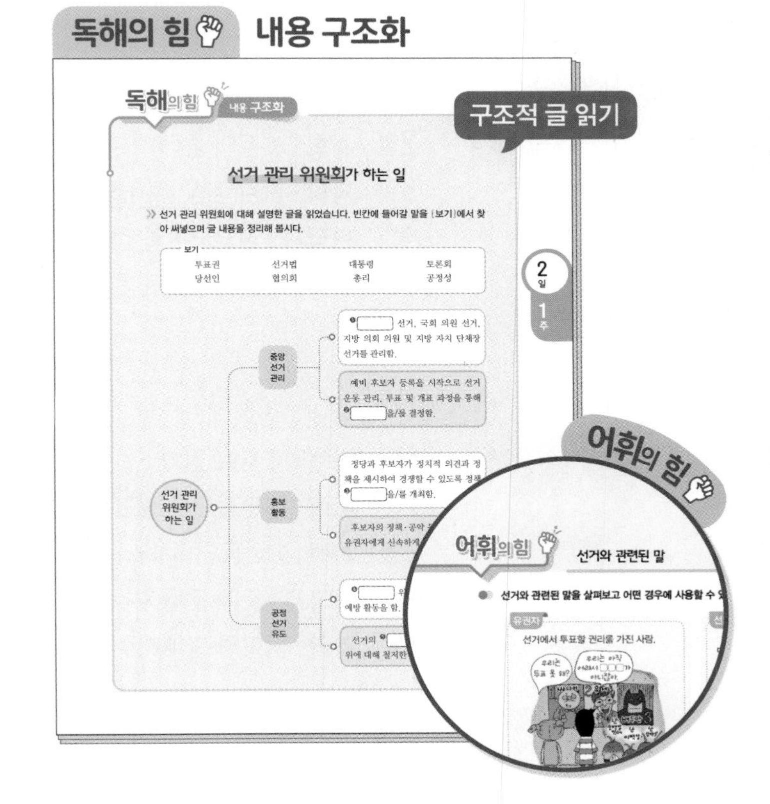

비문학편 5단계 A

차례

어휘의 의미를 추론하며 읽기

문해력이 뛰어난 사람은 어떻게 읽을까?

문해력이 뛰어난 사람은 추론적으로 읽어요. 앞뒤 내용을 바탕으로 글에서 직접 제시하지 않은 사실이나 뒤에 이어질 내용 등을 유추해 내는 것이 추론이에요. 추론적 읽기는 어휘의 의미를 짐작하는 데에도 큰 힘을 발휘해요. 모르는 어휘의 의미를 짐작하며 읽는 방법을 공부해요.

1주에 공부할 내용

어휘의 의미를 추론하며 읽기

이런 친구들을 위한 **문해력 솔루션!**

- 모르는 낱말이 나오면 문장 읽기를 포기한다.
- 조금만 어휘가 어려워도 글을 읽을 수가 없다.
- 글에서 직접 설명하지 않은 내용은 알 수가 없다.

모르는 어휘의 뜻을 짐작하며 읽기

글을 읽다가 처음 접하는 낱말이나 어휘가 나오면 그 뜻을 짐작하며 읽어야 해요. 모르는 어휘의 뜻을 어떻게 짐작할 수 있을까요?

'영장'이 무슨 뜻일까?

인간을 흔히 만물의 영장이라고 한다. 모든 동물을 지배하고 심지어 자연환경조차 자신에게 이롭게 만들어 내는, 지구상의 유일한 존재이기 때문이다.

인간을 만물의 영장이라고 한 까닭

'영장'은 무슨 뜻일까요? '영장'의 뜻을 알지 못해도 문장의 앞뒤 내용을 따져 보면 그 의미를 짐작할 수 있어요.

○○의 성질

① 모든 동물을 지배하고
② 자연환경도 자신에게 이롭게 만들어 내는
③ 지구상의 유일한 존재이기

때문이다.

즉 ○○은 모든 동물을 지배하고, 자연환경도 이용할 정도로 능력이 있는, 귀하고 대단한 존재를 뜻하겠다는 것을 알 수 있어요.
실제로 '영장'을 국어사전에서 찾아보면 '신기한 힘을 가진 우두머리'라는 뜻이랍니다.

어휘의 성질이나 특성 짐작하며 읽기

모르는 어휘가 있을 때에는 **문장의 앞뒤 내용을 통해 그 성질이나 특성을 짐작**해 가며 읽어야 해요.

'음서제'가 무엇인지 모를 때, 다음 글에서 음서제가 무엇을 말하는지 어떻게 알 수 있을까요?

> **장관이나 국회 의원 등 ㉠사회 지도층 자녀들이 공정한 채용 절차나 경쟁을 거치지 않고 유명 대기업이나 공기업에 취업한 사례들이 속속 드러나고 있다. 이에 ㉡현대판 음서제가 아니냐는 비판의 목소리가 높다.**

■ '음서제'는 뭘까?

나는 국회의원 아들!

취업 OK!

면접관

⇨ 현대판 음서제?

음서제의 정확한 뜻을 모르더라도 글에서 음서제가 ㉠과 관련한 제도일 거라고 짐작할 수 있어요. ㉠은 사회 지도층 자녀들이 공정한 절차를 거치지 않고 그들 부모의 힘으로 취업하고 있다는 내용이에요. 따라서 음서제가 이러한 현상을 나타내는 어떤 제도라는 것을 짐작할 수 있지요.

㉠을 통해 음서제에 대해 알 수 있는 것

의미
- 권력이 있는 집안의 자녀들이 이득을 보는 제도일 것이다. ← 사회 지도층 자녀들이 공정한 채용 절차나 경쟁을 거치지 않고
- 부모의 부와 명성을 배경으로 자녀들이 취업을 하거나 공직에 나가는 제도일 것이다. ← 유명 대기업이나 공기업에 취업한 사례들~

㉡을 통해 음서제에 대해 알 수 있는 것

- 음서제는 과거의 제도일 것이다. ← 현대판 음서제가 아니냐는
- 음서제는 나쁜 제도일 것이다. ← 비판의 목소리가 높다.

● **음서제** 고려, 조선 시대 때 과거 시험과 같은 절차에 응하지 않고 상류층 자녀를 특별히 관리로 채용하던 제도.

목화 생산량을 늘려 부를 늘리는 것에만 관심이 있었던 백인 농장주들은 ㉠흑인 노예를 기계처럼 부렸고 ㉡비인격적으로 유린했다.

➡ 기계처럼 부리다

'유린'의 정확한 뜻을 모르더라도 문장에서 ㉠, ㉡을 통해 유린이 다음과 같은 의미를 가졌음을 짐작할 수 있어요.

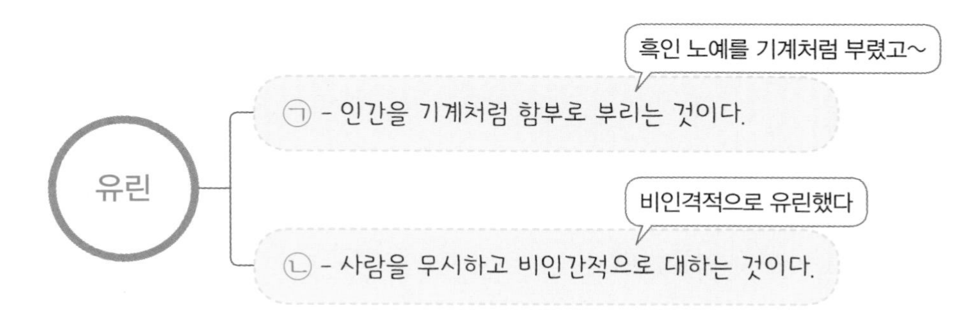

➡ 비인격적으로 대하다

따라서 '유린'이 사람의 인권을 무시하고 함부로 대하는 행동이라는 것을 짐작할 수 있어요. 실제로 국어사전에 찾은 유린의 뜻은 다음과 같아요.

● **유린** 남의 권리나 인격을 짓밟음.

글을 읽다가 모르는 말이 나오면 국어사전을 바로 찾기보다 이처럼 **앞뒤 내용을 살펴 그 뜻을 짐작**해 보아야 해요. 그래야 어휘력도 키울 수 있고 더 수준 높은 독해도 할 수 있답니다.

문해력 솔루션!+ | 어휘의 의미를 짐작하며 읽기

- 모르는 어휘의 뜻은 앞뒤 내용을 통해 짐작하며 읽자.
- 모르는 어휘가 나오더라도 문장 전체의 의미를 생각하며 읽자.

어휘의 의미를 추론하며 읽기

▶ 정답 2쪽

1 **다음 문장에서 밑줄 그은 '시나브로'의 뜻을 바르게 짐작한 것에 모두 ○표 하시오.**

> 언제 다 읽을 수 있을까 걱정이 될 정도로 두꺼운 책이었지만 시나브로 읽다 보니 어느새 마지막 페이지를 넘기고 있었다.

(1) 한번에 (　　　)　(2) 조금씩 (　　　)
(3) 모르는 사이에 (　　　)　(4) 잘난 척하는 (　　　)

짐작한 낱말을 넣어 그 문장이 자연스러운지 확인해 보세요.

2 **다음 예문으로 보아 '세도'와 관련된 뜻은 무엇입니까?** (　　　)

> • 임금을 등에 업고 세도를 함부로 휘둘렀다.
> • 최 대감의 세도가 대단하여 아무도 그를 말리지 못하였다.

① 칼　② 정치　③ 권력　④ 세상　⑤ 하늘

3 **다음 글에서 밑줄 그은 '대오리'의 뜻을 짐작한 것으로 알맞지 않은 것은 어느 것입니까?** (　　　)

> 대나무는 흔히 구할 수 있는 재료였다. 그래서 우리 민족은 대오리로 바구니, 삿갓과 같은 여러 가지 생활용품을 만들어 썼다.

① 대나무를 이용한 재료일 것이다.
② 우리 민족과 친숙한 재료일 것이다.
③ 바구니나 삿갓을 엮는 재료일 것이다.
④ 대나무를 가늘게 쪼개서 만들었을 것이다.
⑤ 대나무를 심는 데 쓰이는 생활용품일 것이다.

■ **글에서 짐작할 수 있는 '대오리'의 특성**
① 대나무를 이용.
② 쉽게 구할 수 있음.
③ 바구니, 삿갓의 재료로 쓰임.

4 **다음 글에서 ○○○의 뜻을 풀이해 주는 부분에 밑줄을 그으시오.**

> 여성이 ○○○을 갖게 된 역사는 오래되지 않았다. 여성은 정치에 참여할 수 있는 권리를 얻기 위해 남성 중심의 사회와 끊임없이 싸워야 했다.

■ **'○○○'의 특성 짐작하기**
① 정치 참여와 관련됨.
② 사람이 갖는 어떤 권리를 나타냄.

정치 | 경제 | 문화 | 사회문제 | 지리

사회

선거 관리 위원회가 하는 일

배경지식의 힘

QR을 찍어 동영상을 보고
투표권에 대해 알아봅시다.

선거 | # 투표권 # 보통_선거 # 미국 # 여성 # 흑인

2일 1주

동영상을 보고 알맞은 것에 ✓ 하세요.

▶ 정답 3쪽

1 일정한 나이가 되면 누구에게나 투표권이 주어지는 것을 무엇이라고 하나요?

㉠ 보통 선거의 원칙 ☐
㉡ 비밀 선거의 원칙 ☐

2 과거에 미국에서 선거권을 가질 수 없었던 계층은 누구인가요?

㉠ 백인 남성 ☐
㉡ 흑인 남성 ☐

3 미국에서 여성들의 선거권을 인정하게 된 때는 언제인가요?

㉠ 1820년대 ☐
㉡ 1920년대 ☐

4 미국에서 흑인들의 선거권을 인정하게 된 때는 언제인가요?

㉠ 1950년대 ☐
㉡ 1960년대 ☐
㉢ 1970년대 ☐

선거 관리 위원회가 하는 일

키워드	쉬움 보통 어려움
• 선거 관리 위원회 • 투표	제재 어휘 문장

선거 관리 위원회는 선거와 국민 투표의 공정한 관리, 정당 및 정치 자금에 관한 사무를 처리하기 위하여 설치된 국가 기관으로 국회·정부·법원·헌법 재판소와 같은 **지위**를 갖는 독립된 헌법 기관이다. 선거 관리 위원회 위원은 특정 정당에 가입하거나 정치 활동을 금지하여 **중립성**을 유지한다. 또 헌법과 법률로 임기와 신분을 확고히 보장하여 외부의 간섭과 영향을 ㉠배제함으로써 공정성을 확보하고 있다. 아래에서 선거 관리 위원회가 하는 일을 자세히 알아보자.

선거 관리 위원회의 가장 큰 역할은 '중앙 선거 관리'로, '공직 선거법'에 규정된 대통령 선거, 국회 의원 선거, 지방 의회 의원 및 지방 자치 단체장 선거를 관리하고 있다. 선거 관리 위원회는 선거일 전 일정 시점부터 예비 후보자 등록을 시작으로 선거인 명부 작성 및 감독, 후보자 등록, 선거 운동 관리, 투표 및 개표 과정을 통해 **당선인**을 결정하게 된다.

선거 관리 위원회는 각종 선거가 잘 이루어질 수 있도록 다양한 방법으로 홍보 활동을 한다. 이를 위해 정당과 후보자가 선거법을 ㉡준수하면서 실현 가능한 정치적 의견과 정책을 제시하여 경쟁할 수 있도록 정책 토론회를 개최한다. 유권자도 후보자의 정책을 비교, 평가하여 선택할 수 있도록 선거 관리 위원회에서는 후보자의 정책·공약 등 선거 정보를 신속하게 전달한다.

선거 관리 위원회에서는 선거가 공정하게 진행될 수 있도록 선거법 위반 행위에 대해 **사전** 예방 활동을 하며, 선거의 공정성을 해치는 행위에 대해 철저한 감시와 ㉢단속을 한다. 이를 위해 공정 선거 지원단, 공명 선거 자원봉사자, 신고·제보 요원 등으로 감시반과 단속반을 편성하여 활용한다. 또한 온라인상의 위반 행위에 대한 감시와 단속을 위해 검색 시스템을 활용한다.

한편 선거 관리 위원회에서는 선거 비용 제한액을 결정하여 공고하고 정당 및 후보자에게 선거 비용 ㉣충당 및 지출 요령을 안내한다. 이외에도 선거 관리 위원회는 지역 농협 등의 조합장 선거를 **위탁**받아 관리하거나, 국가 정책에 대한 투표를 실시할 경우 이를 맡아 관리한다.

어휘 풀이

- **지위**: 어떤 사물이 차지하는 자리나 위치.
- **중립성**: 어느 편에도 치우치지 아니하고 공정하게 처신하는 성질.
- **당선인**: 후보자 중에 표를 가장 많이 받아 뽑힌 사람.
  - 예 밤 12시가 되기 전에 당선인이 확정되었다.
- **사전**: 일이 일어나기 전. 또는 일을 시작하기 전.
- **위탁**: 남에게 사물이나 사람의 책임을 맡김.
  - 예 우리 학교는 경비 업무를 회사에 위탁하였다.

○ 당선인을 뽑는 유권자

어휘의 의미 추론하기

1 ㉠의 뜻을 알맞게 추론한 것은 무엇입니까? ( )

① 두 번 절하는 것.
② 식물을 심어서 가꿈.
③ 여러 가지 약제를 섞어 만듦.
④ 받지 않도록 물리쳐 제외시킴.
⑤ 어떤 사람의 정책이나 의견에 찬성함.

문해력 tip 모르는 낱말의 뜻 짐작하기

모르는 낱말의 앞뒤 내용을 살펴보아야 합니다. 뒤에 나오는 말을 보면 공정성을 확보하는 수단이 된다는 내용이 나오므로 외부의 간섭과 영향을 어떻게 한다는 뜻일지 짐작해 봅니다.

2일 1주

어휘의 의미를 추론하며 읽기

2 ㉡의 뜻을 알맞게 추론한 친구는 누구입니까?

태경: 문장의 나머지 부분을 보면 후보자가 선거법을 '이해한다'는 뜻이라고 생각해.
호동: 똑같이 '준'으로 시작하는 낱말이니 '준비하다'와 비슷한 뜻의 낱말일 것 같아.
보겸: ㉡ 앞에 있는 말 '선거법'을 살펴보면, '법을 지킨다'와 같이 '지킨다'는 뜻을 나타내는 말이라고 생각해.

( )

같은 글자로 시작하더라도 한자가 다를 수 있기 때문에 섣불리 어휘의 의미를 추론하면 틀릴 수 있답니다.

어휘의 의미를 추론하는 과정

3 ㉢의 뜻을 추론하였습니다. 빈칸에 들어갈 말로 알맞지 <u>않은</u> 것은 무엇입니까? ( )

• '철저한 감시와 단속'이라고 표현하였으므로, 나쁜 행동을 막는 것과 관련된 낱말일 것이다.

➡ '선거의 공정성을 해치는 행위'는 좋지 않은 행위이므로 막아야 한다.

➡ ㉢은 '[ ]'에도 들어간 말이므로, 규칙이나 명령을 지키도록 조심하게 한다는 뜻일 것이다.

① 눈단속 ② 문단속
③ 입단속 ④ 몸단속
⑤ 뒷단속

문해력 tip 어휘의 의미를 추론하는 과정

어휘의 의미를 추론할 때 이미 알고 있는 다른 어휘의 뜻을 바탕으로 추론할 수 있습니다.

중심 글감 찾기

4 이 글에서 설명하는 대상은 무엇입니까? ( )

① 국회 ② 정부 ③ 법원
④ 헌법 재판소 ⑤ 선거 관리 위원회

글의 내용 파악하기

5 선거 관리 위원회에서 맡지 않는 선거는 어느 것입니까? ( )

① 대통령 선거 ② 국무총리 선거 ③ 국회 의원 선거
④ 지방 의회 의원 선거 ⑤ 지방 자치 단체장 선거

핵심 정보 파악하기

6 선거 관리 위원회에 대한 설명으로 알맞은 것에 ○표, 틀린 것에 ×표 하시오.

(1) 선거 관리 위원회의 가장 큰 역할은 '중앙 선거 관리'이다. ( )
(2) 선거 관리 위원회는 각종 선거가 잘 이루어질 수 있도록 다양한 방법으로 홍보 활동을 한다. ( )
(3) 선거 관리 위원회에서는 선거법 위반 행위에 대해 사전 예방보다는 사후 고발에 중점을 둔다. ( )
(4) 선거 관리 위원회는 선거와 국민 투표의 공정한 관리, 정당 및 정치 자금에 관한 사무를 처리하기 위하여 설치된 국가 기관이다. ( )

어휘의 의미 추론하기

7 ㉣의 뜻을 알맞게 추론한 것은 무엇입니까? ( )

① 선거 비용을 절약한다는 뜻일 것이다.
② 선거 비용을 마련한다는 뜻일 것이다.
③ 선거 비용을 되돌려준다는 뜻일 것이다.
④ 선거 비용을 아끼기 위해 노력한다는 뜻일 것이다.
⑤ 선거 비용을 어디서 마련했는지 신고한다는 뜻일 것이다.

▶ 정답 3쪽

선거 관리 위원회가 하는 일

≫ 선거 관리 위원회에 대해 설명한 글을 읽었습니다. 빈칸에 들어갈 말을 [보기]에서 찾아 써넣으며 글 내용을 정리해 봅시다.

보기

투표권	선거법	대통령	토론회
당선인	협의회	총리	공정성

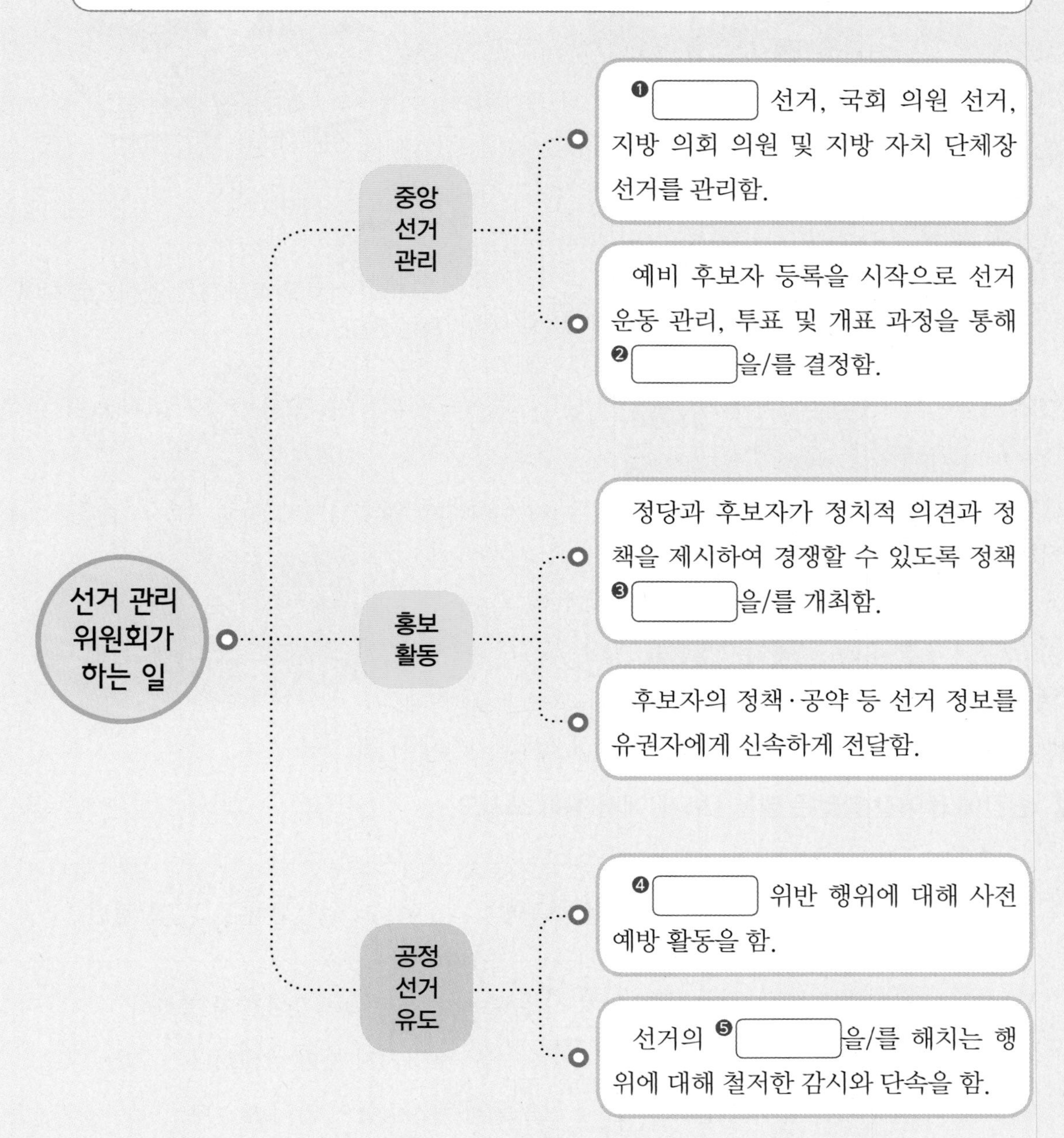

선거와 관련된 말

▶ 정답 3쪽

선거와 관련된 말을 살펴보고 어떤 경우에 사용할 수 있을지 생각해 봅시다.

유권자

선거에서 투표할 권리를 가진 사람.

선거 공약

선거에 나온 후보자가 자신이 뽑히면 어떤 일을 하겠다고 약속하는 것.

유세

선거에 나간 후보자가 자신을 뽑아 달라고 홍보하며 돌아다니는 일.

참정권

국민이 정치에 직접 또는 간접으로 참여하는 권리.

1 빈칸에 들어갈 알맞은 말을 [보기]에서 찾아 쓰시오.

보기
후보자　　유권자　　선거 공약　　여론　　유세　　참정권

(1) ❶(　　　)들은 후보자들의 ❷(　　　)을/를 보고 누구에게 투표할지 정한다.

(2) 나와 친구들은 아직 어려서 아무도 (　　　)을/를 가지지 못한 상태이다.

(3) 국회의원 선거를 앞두고 선거 (　　　)을/를 하는 사람들이 많이 보인다.

과학 오존 주의보 발령 단계별 행동 요령

QR을 찍어 동영상을 보고
생활 기상 정보에 대해 알아봅시다.

날씨 | # 기상_정보 # 불쾌지수 # 자외선 # 식중독

동영상을 보고 알맞은 것에 ✓ 하세요.

▶ 정답 4쪽

1 날씨를 잘 이해하기 위해 기상 정보를 숫자로 나타낸 것을 무엇이라고 하나요?

㉠ 기상 특보 ☐
㉡ 생활 기상 정보 ☐

2 태양에 오랫동안 노출될 때 예상되는 위험을 알려 주는 것은 무엇인가요?

㉠ 불쾌지수 ☐
㉡ 건조 지수 ☐
㉢ 자외선 지수 ☐

3 자외선 지수가 6에서 7일 경우 어떤 결과가 예상되나요?

㉠ 1~2시간 내에 피부 화상을 입을 수 있음. ☐
㉡ 3~4시간 내에 피부 화상을 입을 수 있음. ☐

4 기온과 습도를 이용해 나타낸 사람의 불쾌감 정도를 무엇이라고 하나요?

㉠ 불쾌지수 ☐
㉡ 적외선 지수 ☐
㉢ 식중독 지수 ☐

오존 주의보 발령 단계별 행동 요령

키워드		쉬움 보통 어려움
• 오존 주의보 • 발령 단계	제재 어휘 문장	

오존(O_3)이란, 산소 원자 3개가 결합한 형태의 물질이다. 산소 원자 2개가 결합한 산소 기체(O_2)와는 달리 인체에 **유독한** 물질이다. 오존에는 특유의 냄새가 있어서 '오존'이라는 이름도 그리스어의 냄새를 뜻하는 말에서 ㉠유래된 것이다. 지구의 대기권 위에는 오존이 층을 이루고 있어서 태양의 자외선을 막아 주는 역할을 하기도 한다.

그러나 우리가 살고 있는 지표면에 오존의 농도가 높아지면 인체에 여러 **부작용**이 생기므로 조심해야 한다. 그래서 기상청에서는 오존의 농도에 따라 특보를 ㉡발령한다. 시간당 대기 중 오존 농도가 0.12**ppm** 이상일 때에는 오존 주의보를 발령하고, 0.3ppm 이상일 때에는 오존 경보를 발령한다. 시간당 대기 중 오존 농도가 0.5ppm 이상일 때에는 오존 중대 경보가 발령된다.

오존 주의보 발령 시에는 해당 지역 내에 차량 운행을 ㉢자제하는 것이 좋으므로, 외출 시에는 지하철, 버스 등의 대중교통을 이용하는 것이 좋다. 그리고 실외 활동이나 운동을 자제할 것을 권장한다. 특히 노약자, 어린이, 호흡기 환자 등은 실외 활동을 하지 않도록 권장한다.

오존 경보 발령 시에는 오존 주의보 발령 시와 마찬가지로 대중교통을 이용하는 것이 좋고 실외 활동을 자제해야 한다. 유치원이나 학교 등에서는 실외 학습을 하지 않도록 권장한다.

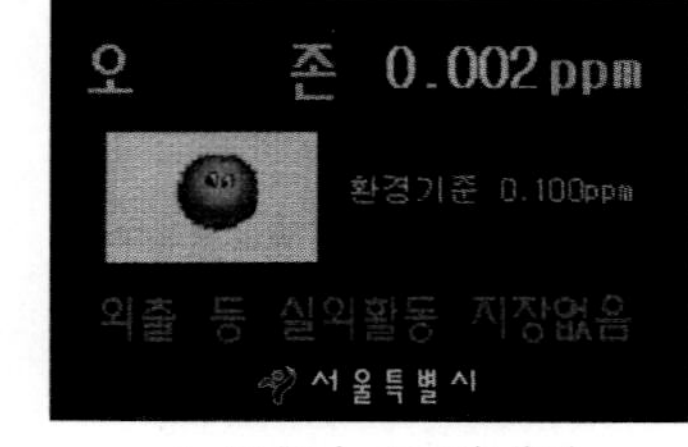

▲ 오존 농도 안내판

오존 중대 경보 발령 시에는 유치원이나 학교에서 실외 학습을 즉시 중지하거나 **휴교**를 권장한다. 노약자, 어린이, 호흡기 환자, 심장 질환을 앓고 있는 사람은 실외 활동을 중지해야 한다. 그리고 오존 중대 경보 발령 시에는 자동차 사용이 금지된다.

이렇게 오존은 독성이 있으므로 오존 발생을 줄이기 위해 노력해야 한다. 오존 농도를 줄이는 생활 습관 중 첫 번째로, 지하철, 버스 등의 대중교통 이용하기가 있다. 그다음으로는 냉장고 문 자주 열지 않기, 스프레이 제품 사용 자제하기 등을 들 수 있다. 마지막으로 여름철 ㉣과도한 에어컨 사용을 자제하는 것으로도 오존 발생을 줄일 수 있다.

어휘 풀이

- **유독한**: 건강이나 생명에 해가 되는 성질이 있는.
- **부작용**: 어떤 일에 덩달아 생기는 좋지 못한 일.
- ppm: 백만분율로 나타낸 값. 1ppm은 해당 물질이 1백만분의 1만큼 있는 경우.
- **휴교**: 학교가 학생을 가르치는 업무를 한동안 쉼.

단위를 나타내는 말

$$1\text{ppm} = \frac{1}{1000000}$$

백분율(%)로는 나타낼 수 없는 아주 작은 수치를 나타낼 때 사용.

어휘의 의미 추론하기

1 ㉠의 뜻을 알맞게 추론한 것은 무엇입니까? ( )

① 자리를 바꾼.
② 생겨나게 된.
③ 중요한 점을 간추린.
④ 예로부터 전하여 내려온.
⑤ 지시나 명령이 전하여 이른.

'오존'이라는 이름과, 그리스어의 냄새를 뜻하는 말 사이의 관계를 생각하며 어휘의 뜻을 추론해 봅니다.

3일 1주

어휘의 의미를 추론하며 읽기

2 ㉡의 뜻을 추론하는 방법으로 알맞지 <u>않은</u> 것은 무엇입니까? ( )

① '발령'의 목적어를 살펴본다.
② '발령'을 내리는 주체를 살펴본다.
③ '발령'이 들어간 다른 문장을 살펴본다.
④ 문장에 들어 있는 낱말의 수를 세어 본다.
⑤ '특보'를 듣는 사람이 누구일지 떠올려 본다.

문해력 tip 어휘의 의미 추론하기

해당 어휘가 쓰인 문장의 앞뒤 뿐만 아니라, 다른 문장에서도 쓰였는지 살펴보면 그 뜻을 추론하는 데에 도움이 됩니다.

어휘의 의미 추론하기

3 ㉢의 뜻으로 알맞은 것의 기호를 쓰시오.

㉮ 강제로 하지 않는.
㉯ 자발적으로 하지 않는.
㉰ 시키는 대로 하지 않는.
㉱ 남에게 하지 말라고 시키는.

( )

어휘의 의미를 추론하는 과정

4 ㉣의 뜻을 추론할 때 떠올릴 한자를 두 가지 고르시오. (,)

① 過(지나칠 과) ② 科(과목 과) ③ 果(열매 과)
④ 度(법도 도) ⑤ 刀(칼 도)

문해력 tip 한자어의 의미 추론하기

우리말에는 한자로 이루어진 어휘가 많습니다. 어떤 뜻의 한자가 쓰였는지 생각하면 어휘의 의미를 추론하는 데에 도움이 됩니다.

글의 내용 파악하기

5 오존에 대한 설명으로 알맞지 않은 것은 무엇입니까? ( )

① 산소 원자 3개가 결합한 물질이다.
② 산소 기체와 비슷한 성질을 갖고 있다.
③ 사람의 몸에 좋지 않은 유독성 물질이다.
④ 지구의 대기권 위에는 오존이 층을 이루고 있다.
⑤ '오존'이라는 이름은 냄새를 뜻하는 그리스어에서 유래되었다.

핵심 정보 파악하기

6 다음 빈칸에 들어갈 알맞은 말을 찾아 쓰시오.

지구의 대기권에 있는 오존층은 태양의 [ ]을/를 막아 준다.

( )

중요한 내용 정리하기

7 다음 상황에서는 어떤 특보가 발령되는지 [보기]에서 찾아 쓰시오.

보기

오존 경보　　오존 주의보　　오존 중대 경보

(1) 시간당 대기 중 오존 농도가 0.12ppm 이상일 때
( )

(2) 시간당 대기 중 오존 농도가 0.3ppm 이상일 때
( )

(3) 시간당 대기 중 오존 농도가 0.5ppm 이상일 때
( )

실생활에 적용하기

8 '오존 경보' 발령 시의 행동 요령으로 알맞은 것에 ○표, 틀린 것에 ×표 하시오.

(1) 대중교통을 이용한다. ( )
(2) 실외 활동을 자제한다. ( )
(3) 자동차 이용을 자제한다. ( )
(4) 휴교 조치를 내려 달라고 건의한다. ( )

▶ 정답 4쪽

오존 주의보 발령 단계

>> 오존 주의보 발령 단계에 대해 설명한 글을 읽었습니다. 빈칸에 들어갈 말을 [보기]에서 찾아 써넣으며 글 내용을 정리해 봅시다.

보기

시간	학교	비행기	자동차
분	자제	권장	휴교

오존 농도에 따른 특보

- **오존 주의보**
  - ❶ (   )당 대기 중 오존 농도가 0.12ppm 이상일 때
  - 실외 활동이나 운동을 ❷ (   )할 것을 권장함.
  - 차량 운행 자제, 대중교통 이용하기
- **오존 경보**
  - 시간당 대기 중 오존 농도가 0.3ppm 이상일 때
  - 유치원이나 ❸ (   ) 등에서는 실외 학습을 하지 않도록 권장
- **오존 중대 경보**
  - 시간당 대기 중 오존 농도가 0.5ppm 이상일 때
  - 유치원이나 학교에서 실외 학습을 즉시 중지하거나 ❹ (   )을/를 권장
  - ❺ (   ) 사용 금지

3일 1주

어휘의 힘

단위를 나타내는 말

▶ 정답 4쪽

여러 가지 단위를 나타내는 말을 살펴봅시다.

ppm (피피엠)

농도의 단위. 1ppm은 1백만분의 1을 나타냄.

Sv (시버트)

인체에 영향을 미치는 방사선의 양을 나타내는 국제단위. 1Sv는 1000mSv(밀리시버트).

hPa (헥토파스칼)

기압을 나타내는 단위. 보통 상태의 1기압은 1013.25hPA에 해당함.

W (와트)

주로 전기적 힘의 크기를 나타내는 국제단위. 1W는 1볼트의 전압으로 1암페어의 전류가 흐를 때의 힘임.

1 알맞은 것끼리 선으로 이으시오.

(1) ppm •	• ㉠ 시버트 •	• ① 기압의 단위
(2) hPa •	• ㉡ 와트 •	• ② 전력의 단위
(3) W •	• ㉢ 헥토파스칼 •	• ③ 농도의 단위
(4) Sv •	• ㉣ 피피엠 •	• ④ 방사선량 단위

한국사 쇄국 정책, 과연 옳은 것이었을까?

배경지식의 힘

QR을 찍어 동영상을 보고
오페르트 도굴 사건에 대해 알아봅시다.

남연군 | # 묘지 # 이방인 # 도굴 # 흥선_대원군

4일 1주

동영상을 보고 알맞은 것에 ✓ 하세요.

▶ 정답 5쪽

1 1868년 충청도에 상륙한 이방인들의 대장은 누구인가요?

㉠ 스미스 ☐
㉡ 오페르트 ☐

2 오페르트가 조선에 이방인들을 끌고 온 목적은 무엇인가요?

㉠ 조선을 관광하기 위해서 ☐
㉡ 남연군의 묘를 도굴하기 위해서 ☐

3 남연군 묘의 도굴이 실패한 까닭은 무엇인가요?

㉠ 묘를 석회로 봉해 두어서 ☐
㉡ 조선 군대에 발각되고 말아서 ☐

4 오페르트 사건 결과 흥선 대원군은 어떻게 하였을까요?

㉠ 문호를 개방했다. ☐
㉡ 문호를 개방하지 않았다. ☐

쇄국 정책, 과연 옳은 것이었을까?

키워드		쉬움	보통	어려움
• 쇄국 정책 • 근대화	제재 어휘 문장			

사회자: 흥선 대원군은 서양 **열강**들과의 **통상**을 전면 거부하는 '쇄국 정책'을 편 것으로 잘 알려져 있습니다. 오늘은 '쇄국 정책이 옳은 것이었는가?'에 대해 토론해 보겠습니다.

토론자 1: 저는 흥선 대원군의 쇄국 정책이 옳았다고 생각합니다. 단호한 정책 덕분에 우리 고유의 문화와 제도를 잘 지켜 낼 수 있었기 때문입니다. 당시는 제국주의가 ㉠팽배하던 시기입니다. 서구 열강들은 결국 우리나라를 ㉡수탈하고 침략하려는 의도로 접근한 것입니다. 쇄국 정책이 없었다면 우리나라의 국권을 빼앗기는 것은 **불을 보듯 뻔한** 일이었을 것입니다.

토론자 2: 저는 그 생각에 동의하기 어렵습니다. 흥선 대원군의 쇄국 정책 때문에 발달된 서양 문물을 받아들이지 못해 조선의 근대화가 주변국에 비해 많이 늦어졌습니다. 게다가 쇄국 정책은 무조건적으로 교류를 거부하는 것이기에 국제 관계가 악화될 수밖에 없었습니다. 또한 천주교 **박해**로 병인양요가 발생하는 등의 부작용도 있었습니다. 서양의 기계화되고 발전된 과학 문물 수용이 일본보다 늦어지면서 결국 일제 강점기를 맞게 된 것 아닐까요?

토론자 3: 일본의 근대화 성공과 비교하는 것은 옳지 않습니다. 일본이라고 해서 전면적으로 서구 문물을 받아들인 것은 아닙니다. 일본의 경우 1600년대부터 네덜란드와의 ㉢수교를 시작으로 ㉣점진적으로 통상이 이어진 것입니다. 이러한 일본도 서구와의 불평등 **조약**으로 인해 피해를 입었습니다. 그 예로 1858년의 미일 수호 통상 조약을 들 수 있는데, 미국의 영사 재판권 인정이나 무역에 대한 조항을 보면 얼마나 불평등한 조약인지 알 수 있습니다. 쇄국 정책이 아니었다면 우리나라는 수탈에 시달렸을 것입니다.

토론자 4: 그렇다고 해도 서양과의 통상을 봉쇄한 것은 흥선 대원군이 장기 집권의 틀을 잡으려고 정치적 목적을 갖고 시행한 것이라고 생각합니다. 당시에는 동남아시아의 국가뿐만 아니라 일본, 중국 등 많은 나라가 통상을 시작하였으므로 쇄국 정책은 시대적인 흐름을 거스른 잘못된 정책이었다고 생각합니다.

어휘 풀이

- **열강**: 여러 강한 나라.
- **통상**: 나라들 사이에 물품을 사고팖.
- **불을 보듯 뻔한**: 앞으로 일어날 일이 의심할 여지가 없이 아주 명백한.
- **박해**: 못살게 굴어서 괴롭게 함.
- **조약**: 나라 사이의 권리와 의무를 정하여 맺은 약속.

○ 비슷한 뜻의 사자성어

밝을 **명** 같을 **약** 볼 **관** 불 **화**
분명하다 같다 불을 보는 것

어휘의 의미 추론하기

1 ㉠의 뜻을 알맞게 추론한 것은 무엇입니까? ( )

① 크게 발전한.
② 매우 거세게 일어난.
③ 부풀어서 부피가 커진.
④ 분위기가 한껏 부풀어 있는.
⑤ 새로운 것을 처음으로 만들어 내거나 생각해 낸.

어휘의 의미를 추론하며 읽기

2 ㉡의 뜻을 짐작할 수 있는 부분은 어디입니까? ( )

① 흥선 대원군
② 조선의 근대화
③ 침략하려는 의도
④ 흥선 대원군의 쇄국 정책
⑤ 우리 고유의 문화와 제도

문해력 tip 어휘의 의미를 추론하며 읽기

어휘의 의미를 추론할 때에는 나란히 쓰인 낱말의 뜻을 보고 문장에서 어떤 역할을 하는지 생각해 봅니다. 또, 문장의 앞부분이나 뒷부분에서도 실마리를 찾을 수 있습니다.

어휘의 의미 추론하기

3 ㉢의 뜻으로 알맞은 것의 기호를 쓰시오.

㉮ 손으로 직접 전해 줌.
㉯ 손을 마주 내어 잡음.
㉰ 가르침을 주거나 받음.
㉱ 나라와 나라 사이에 교제를 맺음.

( )

어휘의 의미를 추론하는 과정

4 ㉣의 뜻을 짐작한 과정입니다. ( ) 안의 알맞은 말에 ○표 하시오.

• '1600년대 네덜란드와 수교를 시작으로' 부분을 보면 통상이 오래전부터 시작되었음을 알 수 있다.

➡ 그 앞의 문장 '일본이라고 해서 전면적으로 서구 문물을 받아들인' 부분을 통해 '점진적으로'의 뜻은 '전면적으로'와 (비슷한 / 반대인) 느낌을 준다.

➡ '점진적으로'의 뜻은 '조금씩'이나 '천천히'를 나타낼 것이다.

문해력 tip 어휘의 의미를 추론하는 과정

어휘의 의미를 추론할 때 문장에서 어떤 역할을 하는지, 다른 문장에 대비되는 뜻을 나타내는 말은 없는지 찾아봅니다.

토론 주제 파악하기

5 **이 토론의 주제는 무엇입니까?** ( )

① 제국주의의 희생자는 누구인가?
② 일제 강점기는 막을 수 있었는가?
③ 흥선 대원군은 어떤 인물이었는가?
④ 미일 수호 통상 조약은 옳은 것이었나?
⑤ 흥선 대원군의 쇄국 정책은 옳은 것이었나?

토론에 나온 근거 파악하기

6 **토론자 2가 근거로 제시한 예를 두 가지 고르시오.** (,)

① 임진왜란
② 병인양요
③ 정유재란
④ 일제 강점기
⑤ 미일 수호 통상 조약

토론의 흐름 파악하기

7 **문제 5에서 답한 토론 주제에 대해 아래와 같이 답할 토론자들을 구별하여 번호로 쓰시오.**

(1) 그렇다.	(2) 아니다.

토론의 내용 파악하기

8 **토론 주제에 대해 '그렇다'고 생각하는 토론자가 말한 내용이면 '찬'을, '아니다'라고 생각하는 토론자가 말한 내용이면 '반'을 쓰시오.**

(1) 시대적인 흐름을 거스른 잘못된 정책이었다. ( )
(2) 우리 고유의 문화와 제도를 잘 지켜 낼 수 있었다. ( )
(3) 서양 문물을 받아들이지 못해 조선의 근대화가 많이 늦어졌다. ( )

▶ 정답 5쪽

쇄국 정책에 대한 토론

>> 쇄국 정책에 대한 토론을 읽었습니다. 빈칸에 들어갈 말을 [보기]에서 찾아 써넣으며 토론 내용을 정리해 봅시다.

보기

근대화	국권	문호 개방	정치적
정보화	쇄국 정책	조약	경제적

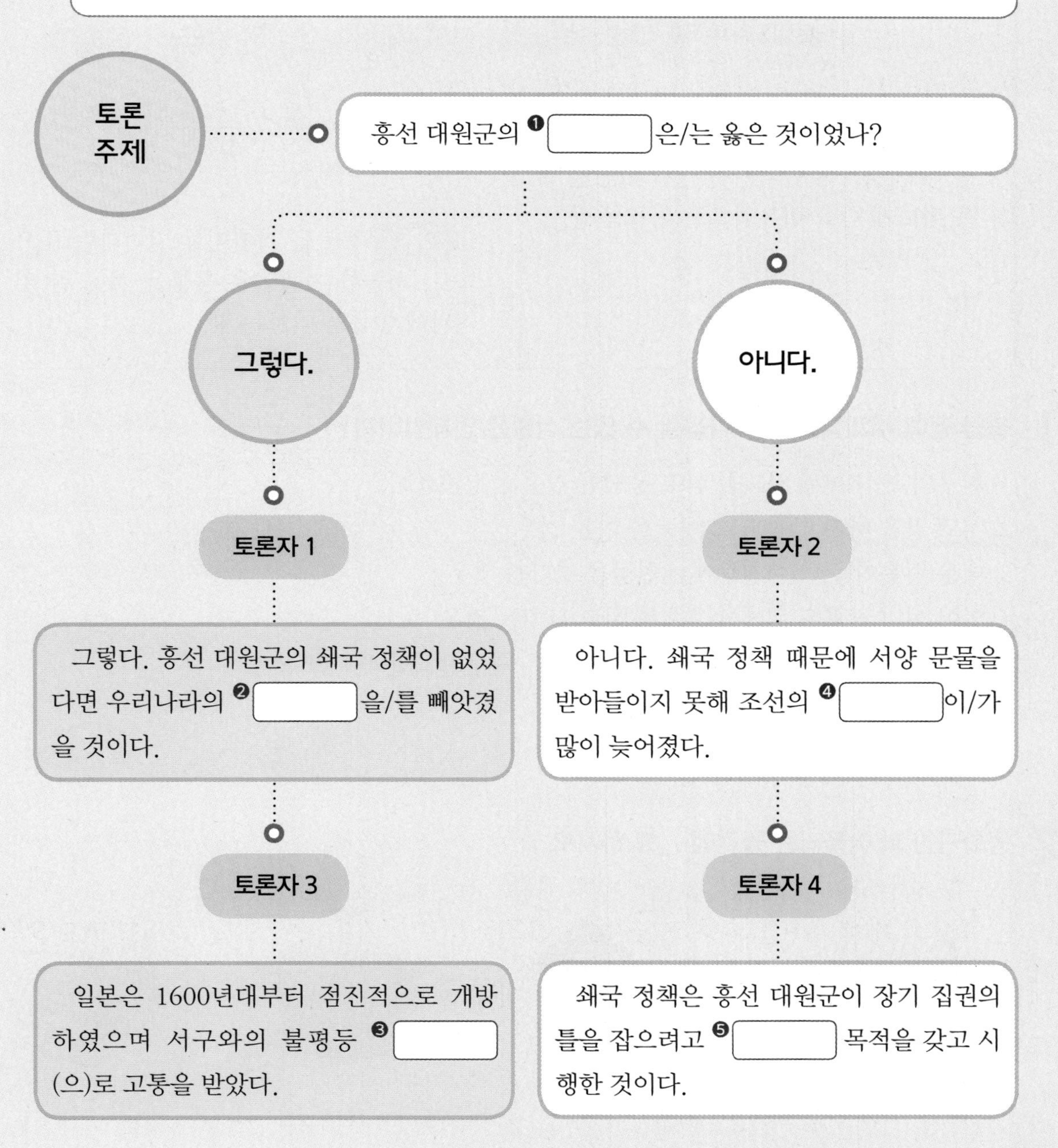

4일 1주

불과 관련된 속담과 사자성어

▶ 정답 5쪽

불과 관련된 속담과 사자성어를 살펴보고 어떤 경우에 사용할 수 있을지 생각해 봅시다.

속담 불난 집에 부채질한다

- 불난 집에 → 안 좋은 일을 (화난 사람을)
- 부채질한다 → 더 크게 만든다 (더 화나게 한다)

뜻 남에게 일어난 안 좋은 일을 점점 더 커지도록 만들거나 성난 사람을 더욱 성나게 함을 비유적으로 이르는 말.

사자성어 등화가친

燈 火 可 親

등잔 **등** 불 **화** 옳을 **가** 친할 **친**

- 등잔 등, 불 화 → 등잔불과
- 옳을 가, 친할 친 → 친해져도 좋다

뜻 등불을 가까이할 만하다는 뜻으로, 서늘한 가을밤은 등불을 켜고 글 읽기에 좋음을 이르는 말.

1 '불난 집에 부채질한다'를 사용할 수 있는 상황은 언제입니까? ( )

① 친구의 진심 어린 사과를 받고 용서한 경우
② 서로 말을 하지 않아도 그 마음을 아는 경우
③ 매운 떡볶이를 먹은 친구에게 찬물을 갖다준 경우
④ 일이 이미 잘못된 뒤에야 후회를 하고 고치는 경우
⑤ 책을 빌려 가 놓고 오랫동안 돌려주지 않은 친구가 책을 망가뜨린 경우

2 '등화가친'과 어울리는 물건에 ○표 하시오.

(1) ( ) (2) ( ) (3) ( ) (4) ( )

사회 세계의 여러 경제 협력체

배경지식의 힘

QR을 찍어 동영상을 보고
한강의 기적에 대해 알아봅시다.

경제_발전 | # 국민_소득 # 외환_보유액 # 수출액 # 한강의_기적

동영상을 보고 알맞은 것에 ✓ 하세요.

▶ 정답 6쪽

1 1955년 55달러에 불과하던 우리나라의 1인당 국민 소득은 2015년에 얼마가 되었나요?

㉠ 18,180달러 ☐
㉡ 28,180달러 ☐

2 1956년 2500달러에 불과하던 우리나라의 수출액은 2014년에 얼마가 되었나요?

㉠ 5,730,000달러 ☐
㉡ 573,000,000,000달러 ☐

3 1990년대 우리나라의 수출 1위 품목은 무엇인가요?

㉠ 철광석 ☐
㉡ 섬유류 ☐
㉢ 반도체 ☐

4 2015년 우리나라의 외환 보유액은 세계 몇 위 규모인가요?

㉠ 세계 6위 ☐
㉡ 세계 8위 ☐
㉢ 세계 10위 ☐

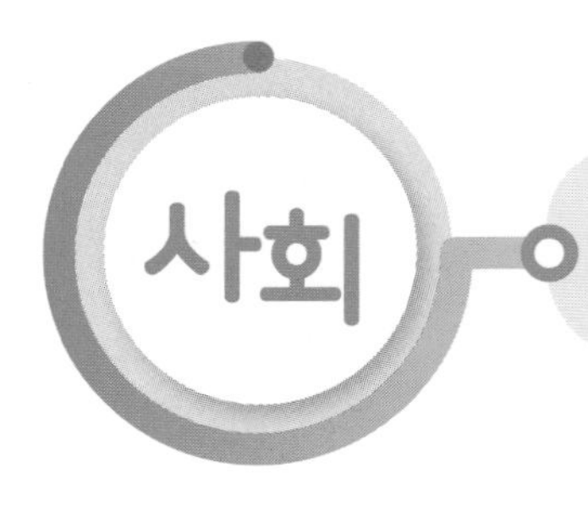

세계의 여러 경제 협력체

키워드	쉬움	보통	어려움
• 경제 협력 • OECD	제재 어휘 문장		

"다음은 경제 소식입니다. 내년 우리나라의 **경제 성장률** 전망치가 3.8%로, OECD 회원국 사이에서 ○번째에 해당하는 높은 수치를 기록할 것으로 예상하고 있습니다." 이와 같이 텔레비전 뉴스나 신문기사 등에서 자주 나오는 "OECD"란 무엇일까?

OECD는 '경제 협력 개발 기구'를 영어로 줄인 표현으로, 세계에서 경제 발전이 잘 이루어진 38개 나라가 모인 협력체이다. 우리나라는 1996년 12월 12일에 가입하여 회원국이 되었다. OECD는 경제 성장과 ㉠개발 도상국에 대한 **원조**, 무역의 확대 등을 목적으로 하는 국제기구이다. OECD에서는 경제 **정책**을 조정하거나 무역 문제, 산업 정책을 검토하는 등의 일을 한다.

유럽에는 EU, 즉 '유럽 연합'이라는 협력체가 있는데, 유럽의 27개국이 회원국이다. 유럽 연합은 회원국 전체에 적용되는 표준화된 법을 통해 유럽이라는 ㉡단일 시장을 발전시키고 있다. 유럽 연합의 정책은 사람, 상품, 자본, 그리고 서비스가 유럽 시장에서 자유롭게 이동하는 것을 목표로 하고 있으며, 국내적인 문제와 정의에 관한 법률을 제정하고, 농업, 어업 그리고 지역 개발에서 공동 정책을 ㉢채택한다. '유로'라는 통일된 화폐를 사용하는 회원국은 19개국에 달한다.

아시아 지역에는 ASEAN(아세안), '동남아시아 국가 연합'이라는 협력체가 있다. 아세안은 1967년에 설립된 것으로, 동남아시아 국가들의 정치, 경제, 문화 공동체 역할을 하고 있다. 아세안에서는 동남아시아를 **경쟁력**이 있는 경제 지역으로 만드는 것을 목표로 하고 있으며, 공평한 경제 발전을 추구하고 있다. 아세안의 회원국은 인도네시아, 말레이시아, 필리핀, 태국, 싱가포르, 베트남 등 10개국으로, 장차 유럽 연합과 비슷한 정치·경제 통합체가 되기 위해 노력하고 있다.

환태평양에 위치한 국가들 사이에는 APEC(에이펙), '아시아 태평양 경제 협력체'라는 국제기구가 있다. 이 국제기구는 1989년에 처음 ㉣발족하였으며, 현재에는 우리나라를 포함한 21개국이 회원국으로 참가하고 있다. 1993년 이후로 매년 회의를 이어가고 있는데, 이는 'APEC 경제 지도자 회의'라고 불리고 있다. 지난 2005년 부산에서 APEC 정상 회의를 개최한 바 있다.

어휘 풀이

- **경제 성장률**: 경제 규모가 어느 정도 커졌는지 나타낸 비율.
- **원조**: 물품이나 돈 따위로 도와줌.
  - 예 대한민국은 원조를 받던 국가에서 원조를 하는 국가로 성장했다.
- **정책**: 정치적 목적을 실현하기 위한 방책.
- **경쟁력**: 경쟁할 만한 힘. 또는 경쟁하는 능력.
- 환태평양: 태평양을 두르고 있는 지역.

○ 환태평양 **국가들**
미국, 일본, 대한민국, 호주 등

어휘의 의미 추론하기

1 ㉠의 뜻을 알맞게 추론한 것은 무엇입니까? ( )

① 새로 생긴 나라.
② 선진국에 해당하는 나라.
③ 경제는 발전하지 못하였지만 민주주의가 발전한 나라.
④ 민주주의는 발전하지 못하였지만 경제적으로 풍요로운 나라.
⑤ 개발이 이루어지고 있는 나라로, 선진국에는 미치지 못하는 나라.

잘사는 나라들이 '개발 도상국'을 도와준다고 쓴 부분을 통해 어휘의 뜻을 짐작해 봅시다.

어휘의 의미를 추론하는 과정

2 ㉡의 의미를 추론한 과정으로 알맞지 않은 것의 기호를 쓰시오.

㉮ '단일'에는 '하나'를 뜻하는 한자가 쓰였을 것이다.
㉯ '시장'은 대형 마트가 아닌 '전통 시장'을 뜻할 것이다.
㉰ '단일 시장'은 하나의 경제적 무대를 뜻하는 말일 것이다.
㉱ '시장'은 경제 용어로 쓰인 말이라서 일반적인 '시장'과 뜻이 조금 다를 것이다.

( )

문해력 tip 어휘의 의미를 추론하는 과정

모르는 낱말의 어휘를 추론할 때에는 어떤 한자가 쓰였을지 떠올려 보는 것도 좋습니다. 또 익숙한 낱말인 '시장'이 경제 용어일 때에는 무엇을 뜻하는지 추론해 봅시다.

5일 1주

어휘의 의미 추론하기

3 ㉢의 뜻을 알맞게 추론한 것은 무엇입니까? ( )

① 돈이나 물건을 빌려서 씀.
② 여러 사람 가운데서 쓸 사람을 뽑음.
③ 어떤 제도를 골라서 다루거나 뽑아 씀.
④ 국제 관계에서, 다른 나라에 빚을 준 나라.
⑤ 어떤 일의 내용, 원인, 근원 따위를 캐어 알아냄.

어휘의 의미를 추론하며 글 읽기

4 ㉣의 뜻을 추론할 때 생각할 점으로 알맞지 않은 것은 무엇입니까? ( )

① 문장에서 주체가 되는 말이 무엇이지?
② 1989년에 시작되었다는 뜻으로 생각할 수 있을까?
③ 국제기구가 '발족'한다는 것은 무슨 뜻을 나타낼까?
④ '발족' 앞에서 꾸며 주는 말 '처음'의 뜻이 관련이 있겠지?
⑤ 혹시 낱말의 자음자나 모음자를 잘못 적은 낱말은 아닐까?

문해력 tip 어휘의 의미 추론하기

어휘의 의미를 추론할 때 문장의 구조를 살피며 꾸며 주는 말은 어떤 것이 쓰였는지 떠올려 봅시다.

글의 내용 파악하기

5 **다음 설명에 해당하는 국제기구는 무엇입니까?** ( )

- 세계에서 경제 발전이 잘 이루어진 나라들이 모인 협력체이다.
- 우리나라는 1996년 12월 12일에 가입하였다.

① 유엔
② 아세안
③ 유럽 연합
④ 경제 협력 개발 기구
⑤ 아시아 태평양 경제 협력체

핵심 정보 파악하기

6 **다음 국가들은 어느 국제기구에 소속되어 있을지 쓰시오.**

프랑스 독일 이탈리아 벨기에 헝가리

( ) 연합

글의 내용 파악하기

7 **'아세안'에 대한 설명으로 알맞은 것에 ○표, 틀린 것에 ×표 하시오.**

(1) '동남아시아 국가 연합'으로 1967년에 만들어졌다. ( )
(2) 회원국은 인도네시아, 말레이시아, 필리핀, 태국, 싱가포르, 베트남 등 10개국이다. ( )
(3) 경제 성장과 개발 도상국에 대한 원조, 무역의 확대 등을 목적으로 만들어진 협력체이다. ( )
(4) 동남아시아를 경쟁력이 있는 경제 지역으로 만드는 것을 목표로 하고 있으며, 공평한 경제 발전을 추구하고 있다. ( )

글의 내용 파악하기

8 **'아시아 태평양 경제 협력체'를 줄여서 사용하는 말은 무엇입니까?** ( )

① EU
② IMF
③ APEC
④ OECD
⑤ ASEAN

▶ 정답 6쪽

세계의 여러 경제 협력체

≫ 세계의 경제 협력체에 대해 설명한 글을 읽었습니다. 빈칸에 들어갈 말을 [보기]에서 찾아 써넣으며 글 내용을 정리해 봅시다.

보기

태평양	38	서비스	1987
1967	경쟁력	28	대서양

세계의 여러 경제 협력체

- **경제 협력 개발 기구 OECD**
  - 세계에서 경제 발전이 잘 이루어진 ❶(   )개 나라가 모인 협력체
  - 경제 정책을 조정하거나 무역 문제, 산업 정책을 검토하는 역할을 함.
- **유럽 연합 EU**
  - 유럽 지역에 있는 27개국이 가입한 협력체
  - 사람, 상품, 자본, 그리고 ❷(   )이/가 유럽 시장에서 자유롭게 이동하는 것을 목표로 함.
- **동남아시아 국가 연합 ASEAN**
  - ❸(   )년에 설립된 것으로, 동남아시아 국가들의 정치, 경제, 문화 공동체 역할을 함.
  - 동남아시아를 ❹(   )이/가 있는 경제 지역으로 만드는 것을 목표로 함.
- **아시아 태평양 경제 협력체 APEC**
  - ❺(   )을/를 둘러싸고 있는 국가들이 모여 1989년에 발족한 협력체
  - 1993년 이후로 매년 'APEC 경제 지도자 회의'를 개최하고 있음.

5일 1주

경제와 관련된 말

▶ 정답 6쪽

경제와 관련된 말을 살펴보고 어떤 경우에 사용할 수 있을지 생각해 봅시다.

화폐

상품 교환 가치를 재는 기준이 되는 것으로, 돈을 뜻함.

소비

돈을 써서 상품을 사거나 이용하는 것.

물물 교환

화폐를 사용하지 않고 물건과 물건을 교환하는 것.

예금

은행이나 우체국에 돈을 맡기는 일.

1 빈칸에 들어갈 알맞은 낱말을 쓰시오.

> □□의 좋은 점은 물건의 가치를 매기기가 쉽다는 것인데, 이것이 발명되면서 은행도 생겨나고 경제는 더욱 빠른 속도로 발전할 수 있었다.

( )

2 '물물 교환'에 대한 설명으로 알맞지 않은 것에 ×표 하시오.

(1) 물건과 물건을 서로 맞교환하는 것이다. ( )

(2) 돈이 발달해서 물물 교환이 시작되었다. ( )

대상에 대한 정보를 정리하며 읽기

문해력이 뛰어난 사람은 어떻게 읽을까?

문해력이 뛰어난 사람은 글을 효율적으로 읽어요. 글의 중요한 부분을 찾아 중심 내용을 머릿속에 요약해 가며 읽기 때문에 읽는 동안 글의 흐름이 끊기지 않아요. 또 그 내용도 더 오랫동안 기억할 수 있지요. 중요한 정보를 찾아 머릿속에 정리하는 방법에 대해 공부해 보아요.

2주에 공부할 내용

문해력

비문학 독해

문해력 대상에 대한 정보를 정리하며 읽기

이런 친구들을 위한 문해력 솔루션!

- 글을 읽어도 대상의 정보를 잘 기억하지 못한다.
- 설명하는 대상이 두 개 이상이면 글 읽기가 더 어려워진다.
- 설명하는 대상의 관계를 잘 구분하지 못한다.

정보를 사진 찍듯 기억하기

여러 줄글이 있는 글은 한 번에 기억하기 어렵지만 사진이나 그림은 그 장면 하나만 머릿속에 넣어 두면 되니 글보다 기억하기 쉬워요.

글을 읽을 때 문장에서 전하고자 하는 정보를 사진 찍듯이 기억할 수 있는 방법을 알아보아요. 문장에서 전하고자 하는 정보를 사진으로 찍어 두려면 우선 그 문장에서 전하고자 하는 정보의 종류가 무엇인지 알아야 해요.

대상의 뜻이나 개념 정리하기

다음 문장은 어떤 정보를 말하고 있는지 생각하며 읽어 보세요.

어떤 작용을 한쪽에서 다른 쪽으로 전달하는 물체나 수단**을** 매체**라고 한다.**

핵심어는? ▶ 매체　　　설명하는 정보는? ▶ 매체의 뜻, 정의

즉 매체란 무엇인가, 무슨 뜻인가를 설명하는 문장이에요. 이러한 정보는 다음과 같이 도식을 그려 머릿속에 기억할 수 있어요.

매체란? — 어떤 작용을 전달하는 물체나 수단

혹은 아래와 같이 더 간단하게 정리할 수도 있지요.

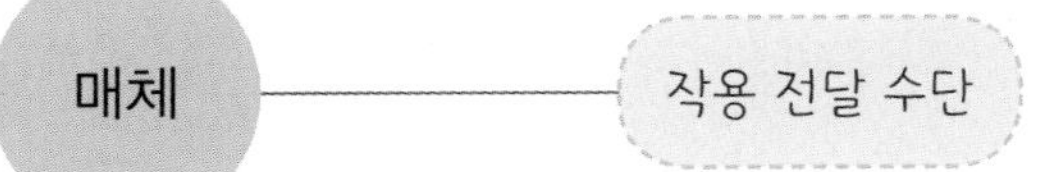

종류나 예, 포함 관계 정리하기

다음 글은 매체에는 어떤 것들이 있는지 설명하고 있어요. 즉 어떤 대상의 종류나 예를 나열해서 설명하는 문장이에요.

> **수신과 발신이 한 방향으로만 이루어지는 매체에는 신문과 라디오가 있고, 수신과 발신이 서로 양쪽으로 이루어지는 매체에는 전화, SNS 등이 있다.**

■ **단순화하기**
- 매체에는 ~이 있고,
- 매체에는 ~이 있다.

대상의 종류나 예를 설명하는 위 문장은 다음과 같이 그 예를 구분해서 기억해요.

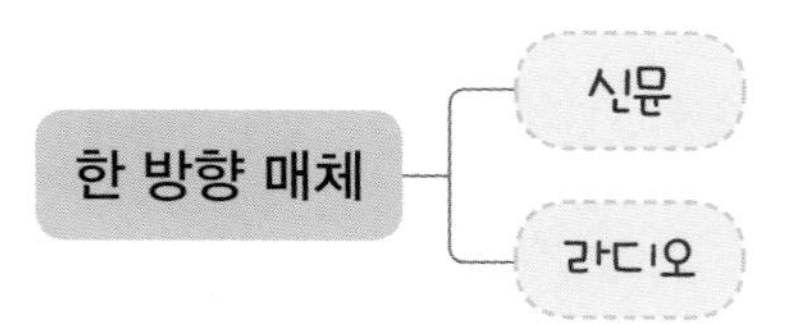

양쪽 방향 매체 — 전화, SNS

그런데 대상의 종류나 예를 설명하는 내용은 그 대상의 포함 관계를 설명하는 내용과도 비슷해요. 그래서 오른쪽과 같이 포함 관계가 드러나게 내용을 정리할 수도 있어요.

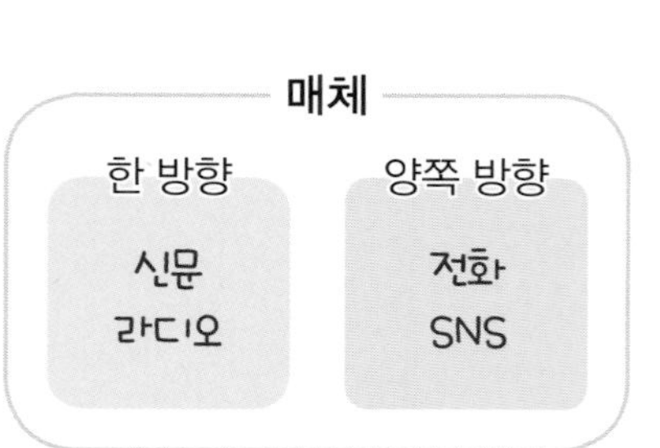

다음 글에서 고래의 종류와 예를 포함 관계가 드러나게 정리해 볼까요?

> **고래는 먹이에 따라 이빨고래와 수염고래로 나뉜다. 범고래, 향유고래는 날카로운 이빨이 있어서 오징어나 다른 물고기를 잡아먹는 이빨고래이다. 수염고래는 플랑크톤과 같은 작은 먹이를 물과 함께 들이마신 뒤 수염으로 걸러 먹이만 먹는다. 혹등고래, 대왕고래는 수염고래에 속한다.**

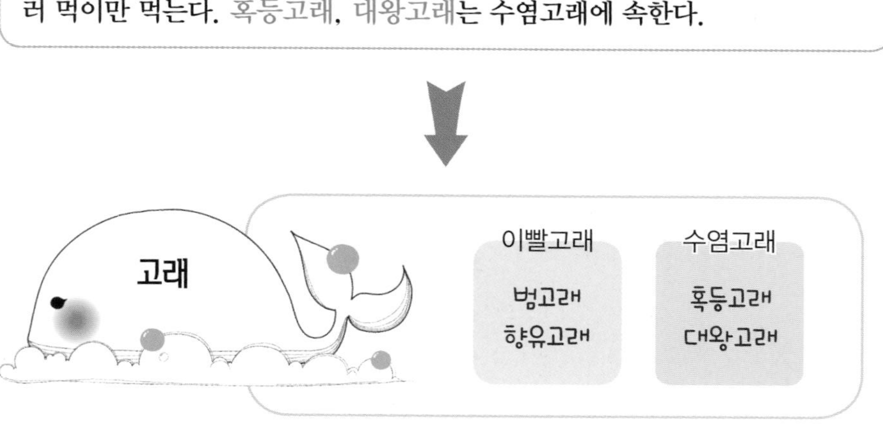

두 대상을 비교하는 내용 정리하기

다음과 같이 두 가지 이상의 대상을 설명하는 내용은 어떻게 정리할까요?

> ㉠ **태양과 달은 우리 생활에 밀접한 영향을 끼치는 ●천체이다.**
> ㉡ **태양은 스스로 빛을 내지만 달은 태양의 빛을 반사할 뿐 스스로 빛을 내지는 못한다.**

● **천체** 우주에 있는 모든 물체를 이르는 말. 행성, 항성, 인공위성 등

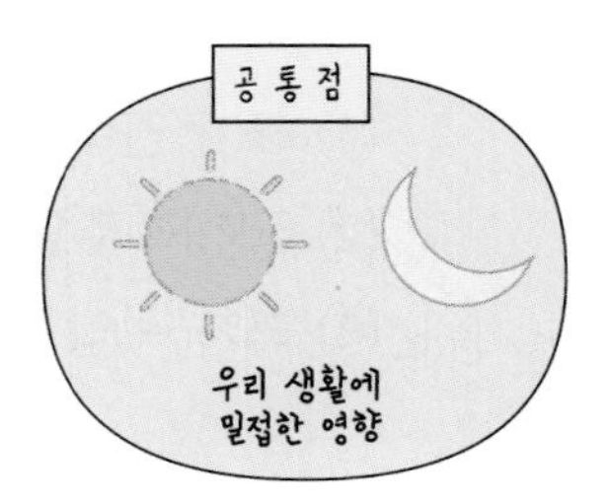

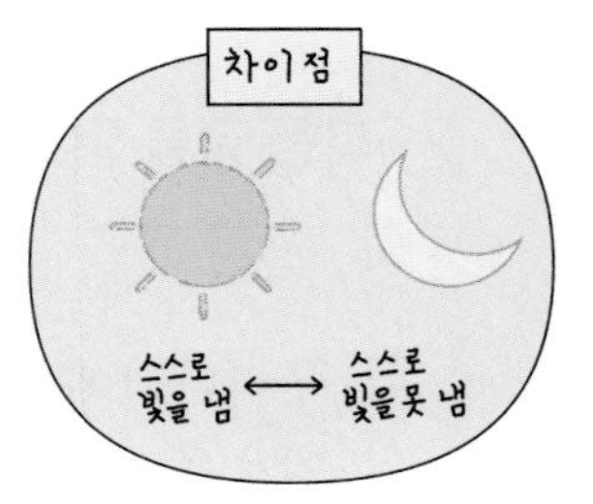

㉠은 태양과 달의 공통점을 설명하고 ㉡은 태양과 달의 차이점을 설명하고 있어요. 이렇게 어떤 두 대상을 비교하는 문장은 다음과 같이 공통점과 차이점을 머릿속에 정리하며 읽어요.

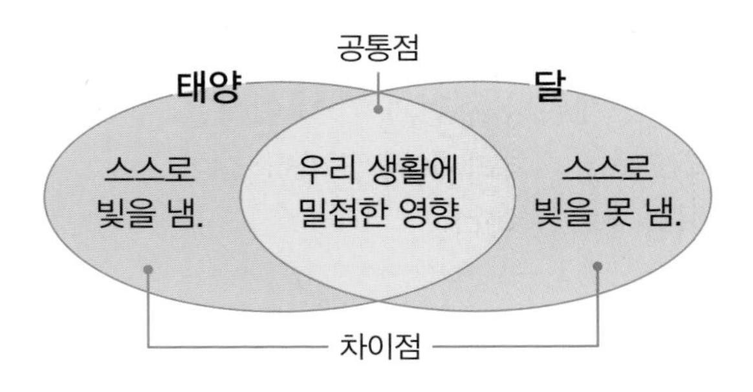

대상에 대한 정의나 종류, 포함 관계, 비교 등을 나타내는 부분은 해당 글에서 중요하게 정리해야 할 핵심 부분이에요.
중요한 정보를 문장 자체로 외우는 것보다 이렇게 **관계를 보여 주는 그림으로 머릿속에 정리**하면 글 내용을 쉽게 파악할 수 있고, 그 내용도 더 정확하게 기억할 수 있답니다.

문해력 솔루션! | **대상에 대한 정보를 정리하며 읽기**

- 대상에 대한 정보를 사진 찍듯 머릿속에 기억하며 읽자.
- 대상의 종류나 예 등은 그림이나 도식으로 머릿속에 정리하며 읽자.
- 두 대상을 비교하는 내용은 공통점과 차이점을 머릿속에 정리하며 읽자.

대상에 대한 정보를 정리하며 읽기

▶ 정답 7쪽

1 다음 문장을 바르게 정리한 것에 ○표 하시오.

국가의 주요 권력은 크게 법을 만드는 입법, 법을 집행하는 행정, 법을 지키는 사법 세 가지로 나눌 수 있다.

(1) 국가 권력 – 입법, 행정, 사법 (　　　)
(2) 국가의 주요 권력 – 사법 세 가지 (　　　)
(3) 국가 – 입법, 행정 | 사법 – 세 가지 (　　　)

2 다음 글을 읽고 포함 관계를 바르게 정리한 것에 ○표 하시오.

•철새에는 여름새와 겨울새가 있다. 제비나 두견과 같이 여름을 우리나라에서 나는 새를 여름새라고 하고, 기러기, 두루미와 같이 겨울을 우리나라에서 나는 새를 겨울새라고 한다.

(1) 새

철새	여름새
제비, 두견	겨울새

(　　　)

(2) 철새

여름새	겨울새
제비, 두견	기러기, 두루미

(　　　)

• **철새** 계절에 따라 이리저리 옮겨 다니며 사는 새.
〈참고〉 텃새: 철을 따라 자리를 옮기지 아니하고 거의 한 지방에서만 사는 새. 참새, 꿩 따위.

3 다음 글을 읽고 제주도와 울릉도에 대해 정리할 때 (1)과 (2)에 들어갈 내용을 쓰시오.

제주도와 울릉도는 모두 화산 활동으로 생긴 섬이지만 제주도의 지형은 완만한 반면 울릉도는 경사가 가파르다.

제주도 / 울릉도

- 제주도: 지형이 완만하다.
- 공통: (1)
- 울릉도: (2)

(1): ______________________

(2): ______________________

■ **제주도와 울릉도의 공통점:** 화산 활동으로 생긴 섬
■ **제주도와 울릉도의 차이점:** 제주도는 지형이 완만하지만 울릉도는 경사가 가파르다.

세계 여러 나라의 정치 제도

배경지식의 힘

QR을 찍어 동영상을 보고
국회, 정부, 법원의 견제에 대해 알아봅시다.

동영상을 보고 알맞은 것에 ✓ 하세요.

▶ 정답 8쪽

1 국정 감사란 무엇인가요?

㉠ 법원이 정부의 국정을 살펴보는 활동 ☐
㉡ 국회가 정부의 국정 전반에 관하여 행하는 감사 활동 ☐

2 정부는 어떤 방법을 통해 국회를 견제할 수 있나요?

㉠ 국회법 개정안 입법 ☐
㉡ 법률안 거부권 행사 ☐

3 법원은 어떤 방법을 통해 국회를 견제할 수 있나요?

㉠ 헌법 소원 신청 ☐
㉡ 위헌 법률 심판 제청 ☐

4 정부, 국회, 법원이 서로를 견제하며 균형 있는 정치를 하면 좋은 점은 무엇인가요?

㉠ 행정부의 권한 강화 ☐
㉡ 국민의 자유와 권리 보장 ☐

세계 여러 나라의 정치 제도

키워드		쉬움	보통	어려움
• 정치 제도 • 대통령	제재			
	어휘			
	문장			

2022년 9월 8일 영국에서 찰스 3세가 국왕으로 **즉위**하였다. 이처럼 아직도 국왕이 있는 나라가 존재한다. 각국 정상이 모이는 자리에 대통령 대신 총리가 참여하는 나라도 있다. 또 국회가 상원과 하원으로 구분된 나라도 있다. 이렇게 나라마다 정치 제도가 조금씩 다르다.

영국처럼 국왕이 있는 나라는 태국, 사우디아라비아 등이 있다. 영국에서는 국왕이 나라를 다스리는 것이 아니라 실제 **국정**은 총리를 선출하여 맡긴다. 이와 같은 제도를 '입헌 군주제'라고 하는데, 헌법에서 왕의 권위를 인정한다는 뜻이다. 반대로 사우디아라비아의 국왕은 절대적인 권력을 갖고 있으며, 나라를 직접 다스린다. 이러한 제도를 '전제 군주제'라고 한다. 전제 군주제를 시행하는 나라는 사우디아라비아 이외에도 '브루나이', '오만' 등이 있다.

"대한민국은 민주공화국이다. 대한민국의 **주권**은 국민에게 있고, 모든 권력은 국민으로부터 나온다." 대한민국의 헌법 제1조의 내용이다. 권력의 원천이 국민에게 있으므로 우리나라는 공화제에 해당하며, 대통령 선거를 **치러** 행정 수반으로 선출하므로 대통령제를 시행한다고 볼 수 있다. 공화제를 시행하는 대표적인 나라로 미국을 들 수 있다. 다만 공화제를 따른다고 해서 무조건 대통령제를 시행하는 것은 아니다. 독일은 공화제 국가이지만 총리를 선출하는 의원 내각제 시행 국가이다. 즉, 행정부를 이끄는 대표가 대통령이라면 '대통령제', 총리인 경우는 '의원 내각제'로 구분할 수 있다.

입법 기관인 의회도 나라에 따라 운영하는 방식이 다르다. 우리나라는 하나의 국회를 운영한다. 반면에 미국에서는 의회를 상원과 하원 두 군데로 나누어서 운영한다. 국회가 우리나라처럼 하나로 이루어진 경우는 '단원제'라고 하고, 미국처럼 상원과 하원으로 구분된 경우는 '양원제'라고 한다.

한편 어떤 나라는 의회가 존재하지 않기도 한다. 사우디아라비아처럼 전제 군주제인 나라는 국왕이 절대적인 권력을 **행사**하므로 의회가 없다. 또 로마 안에 있는 작은 나라인 '바티칸 시국' 또한 의회가 존재하지 않는다.

어휘 풀이

- **즉위**: 왕이 될 사람이 예식을 치른 뒤 왕의 자리에 오름.
- **국정**: 나라를 이끌어가는 정치.
- **주권**: 나라의 뜻을 최종적으로 정하는 권력.
- 치러: 어떤 일을 겪어 내어.
- **행사**: 부려서 씀. 예 묵비권을 행사하겠습니다.

주의해야 할 낱말

치르다 ○
치루다 ×

예 대가를 치렀다. ○
예 대가를 치뤘다. ×

대상에 대한 정보를 정리하며 읽기

1 국왕이 있는 나라를 두 군데 고르시오. (,)

① 미국 ② 영국 ③ 독일
④ 대한민국 ⑤ 사우디아라비아

대상에 대한 개념 정리하기

2 다음과 같은 도식으로 나타낼 때, ㉠과 ㉡에 들어갈 말을 알맞게 나타낸 것은 무엇입니까? ( )

① ㉠-총리 ㉡-국회 의원 ② ㉠-총리 ㉡-상원 의원
③ ㉠-총리 ㉡-대통령제 ④ ㉠-하원 의원 ㉡-대통령제
⑤ ㉠-국왕 ㉡-입헌 군주제

문해력 tip 개념 정리하기
글에서 설명한 대상을 특정한 기준에 따라 정리하면 중요한 내용을 기억하는 데 도움이 됩니다.

2일 2주

대상에 대한 정보를 정리하며 읽기

3 다음 표의 ㉠과 ㉡에 들어갈 말을 각각 쓰시오.

권력의 원천에 따라		
국왕	헌법	국민
㉠	입헌 군주제	㉡

(1) ㉠ ( )
(2) ㉡ ( )

문해력 tip 대상에 대한 정보를 정리하며 읽기
글의 내용을 일정한 기준에 따라 표로 정리하면 설명하는 내용이 많아도 쉽게 이해할 수 있습니다.

두 대상을 비교하는 내용 정리하기

4 우리나라와 미국의 의회에 대해 알맞게 설명하지 못한 것은 무엇입니까? ( )

① 대한민국은 하나의 의회를 둔다.
② 미국은 양원제를 시행하는 국가이다.
③ 대한민국과 미국은 단원제 국가이다.
④ 미국은 상원과 하원으로 의회를 운영한다.
⑤ 미국에는 상원 의원과 하원 의원이 따로 있다.

우리나라 의회와 미국의 의회는 어떤 차이점이 있는지 글에서 중요한 내용에 표시를 해 봅시다.

중심 글감 찾기

5 이 글은 무엇에 대하여 설명하였습니까? ( )

① 대통령제의 역사
② 우리나라의 정치 제도
③ 세계 여러 나라의 경제 제도
④ 세계 여러 나라의 정치 제도
⑤ 대통령제와 의원 내각제의 차이점

예시로 든 내용 찾기

6 전제 군주제를 실시하는 나라의 기호를 쓰시오.

( )

핵심 정보 파악하기

7 우리나라에서 이루어지고 있는 정치 제도를 두 가지 고르시오. (,)

① 공화제　② 대통령제　③ 의원 내각제
④ 전제 군주제　⑤ 입헌 군주제

글의 내용 파악하기

8 사우디아라비아에 의회가 존재하지 않는 까닭은 무엇입니까?

• 국왕이 절대적인 ( )을/를 휘두르는 전제 군주제 국가이기 때문이다.

▶ 정답 8쪽

세계 여러 나라의 정치 제도

>> 세계 여러 나라의 정치 제도에 대해 설명한 글을 읽었습니다. 빈칸에 들어갈 말을 [보기]에서 찾아 써넣으며 글 내용을 정리해 봅시다.

보기

총리	상원	대통령	헌법
의회	국왕	중원	권력

- 세계 여러 나라의 정치 제도
  - 행정 수반
    - 대통령제: 행정 수반으로 ❶ (   )을/를 선출하는 제도
    - 의원 내각제: 행정 수반으로 ❷ (   )을/를 선출하는 제도
  - 군주제
    - 입헌 군주제: 국왕의 권위를 ❸ (   )에서 인정하는 제도
    - 전제 군주제: 국왕이 절대적인 ❹ (   )을/를 행사하는 제도
  - 의회
    - 단원제: 우리나라처럼 하나의 ❺ (   )을/를 두는 제도
    - 양원제: 미국의 ❻ (   )와/과 하원처럼 두 의회를 두는 제도

치르다와 담그다

▶ 정답 8쪽

다음 낱말을 살펴보고 알맞게 사용할 수 있도록 배워 봅시다.

치르다

'주어야 할 돈을 내다', '어떠한 일을 겪어 내다'라는 뜻을 가진 낱말은 '치르다'입니다. 흔히 '치루다'라고 말하는데, 이것은 틀린 표현입니다.

담그다

'액체 속에 넣다' 또는 '김치·술·장·젓갈 따위를 만드는 재료를 버무리거나 물을 부어서, 익거나 삭도록 그릇에 넣어 두다'는 '담그다'라고 합니다.

1 밑줄 친 낱말이 알맞은 것에 ○표, 틀린 것에 ×표 하시오.

(1) 만두를 간장에 푹 <u>담궜더니</u> 너무 짜서 먹기 힘들었다. ( )

(2) 영어 학원에 처음 갔더니 간단한 시험을 <u>치루라고</u> 하였다. ( )

(3) 우리 할머니께서 <u>담그신</u> 열무김치가 세상에서 제일 맛있다. ( )

2 ( ) 안의 알맞은 말에 ○표 하시오.

(1) 모아 두었던 돈으로 약값을 (치렀다 / 치뤘다).

(2) 온 가족이 모여 겨울에 먹을 김치를 (담겼다 / 담갔다).

3 밑줄 친 낱말을 알맞게 고쳐 쓰시오.

(1) 계곡에 놀러 가서 시원한 물에 발을 <u>담구고</u> 푹 쉬었습니다.

→ ( )

(2) 오래된 고물에 그 노인이 비싼 값을 <u>치루고</u> 가져갔다고? 설마 보물인가?

→ ( )

과학 태양계의 행성들

QR을 찍어 동영상을 보고
태양과 달에 대해 알아봅시다.

태양계 | # 태양 # 지구 # 달 # 크기 # 거리

동영상을 보고 알맞은 것에 ✓ 하세요.

▶ 정답 9쪽

1 태양의 크기는 어느 정도인가요?

㉠ 반지름이 7만 킬로미터이다. ☐

㉡ 반지름이 약 지구의 109배 정도이다. ☐

2 달의 크기는 어느 정도인가요?

㉠ 태양과 비슷한 크기이다. ☐

㉡ 반지름이 약 1740킬로미터이다. ☐

3 거리가 멀어질수록 물체의 크기는 어떻게 보이나요?

㉠ 더 커 보인다. ☐

㉡ 점점 작아 보인다. ☐

4 태양과 달의 크기가 비슷해 보이는 까닭은 무엇인가요?

㉠ 달이 지구의 주위를 돌고 있기 때문에 ☐

㉡ 태양이 달보다 엄청나게 크지만 거리도 엄청나게 멀리 떨어져 있기 때문에 ☐

태양계의 행성들

키워드
- 태양계
- 행성

	쉬움	보통	어려움
제재			
어휘			
문장			

우리가 살고 있는 지구는 **태양계**에 속해 있는 **행성**입니다. 맨눈으로는 보기 어렵지만 태양과 달 이외에도 태양계를 구성하는 행성들은 우리의 밤하늘에 떠 있습니다.

태양 가까이에는 수성이 있습니다. 수성은 태양계에서 가장 작은 행성입니다. 태양과 가까운 탓에 평균 온도가 몹시 뜨겁습니다. 작은 행성인 만큼 공기도 매우 **희박합니다**. 수성 다음에는 금성이 있습니다. 금성은 '샛별'이라고도 하는데 어찌나 밝은지 밤이 시작되기 전에 하늘에서 볼 수도 있습니다. 금성은 지구와 크기가 비슷하지만 표면 온도가 매우 뜨겁습니다. 그 이유는 바로 온실 가스의 농도가 매우 높기 때문입니다.

▲ 태양계의 행성들
ⓒ cigdem/shutterstock

금성 다음에는 우리가 사는 지구가 있고, 지구를 지나면 화성이 나옵니다. 화성은 지구와 금성보다는 조금 작은 행성으로, 아주 희박한 대기를 갖고 있습니다. 화성의 표면 대부분은 산화철이 섞인 흙 때문에 붉게 보입니다. 태양계의 다른 행성에 비하면 지구와 가깝기 때문에 화성 **탐사**를 위해 여러 우주선을 보내기도 했습니다.

화성을 지나면 수많은 암석들이 있는 소행성대가 나오고, 목성을 마주할 수 있습니다. 목성은 태양계에서 가장 큰 행성입니다. 목성은 가스로 이루어진 행성인데, 표면에 지구보다도 큰 폭풍이 불고 있습니다. 목성에는 지구의 달과 같은 **위성**이 수십여 개나 있습니다.

목성을 지나면 토성이 나옵니다. 토성은 태양계에서 목성 다음으로 큰 행성입니다. 토성은 원반처럼 생긴 아름다운 고리를 가지고 있습니다. 토성도 목성만큼 많은 위성을 가지고 있는데 그 중 '타이탄'이라는 위성은 수성보다도 큽니다.

토성을 지나면 천왕성이 나타납니다. 천왕성은 태양계에서 세 번째로 큰 행성입니다. 천왕성은 태양의 주위를 한 바퀴 도는 데에 지구 시간으로 약 84년이나 걸립니다. 천왕성 다음에는 해왕성이 있습니다. 해왕성은 천왕성과 비슷한 크기의 행성으로, 이 두 행성은 몹시 차가운 얼음 행성입니다.

어휘 풀이

- **태양계**: 태양과 태양을 중심으로 공전하는 천체의 모음.
- **행성**: 중심 별이 끌어당기는 힘에 의해 중심 별의 주위를 도는 별.
- **희박합니다**: 기체나 액체의 밀도나 농도가 짙지 못하고 엷습니다.
- **탐사**: 알려지지 않은 사물이나 사실 따위를 샅샅이 더듬어 조사함.
- **위성**: 행성이 끌어당기는 힘에 의해 그 주위를 도는 천체.

태양 주위를 도는 행성 지구

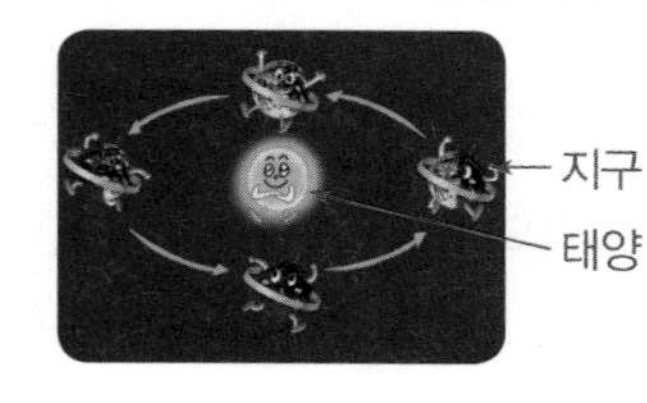

대상에 대한 정보를 정리하며 읽기

1 ㉮에 들어갈 알맞은 말은 무엇입니까? ( )

① 밝기 ② 크기 ③ 밀도 ④ 나이 ⑤ 온도

대상의 포함 관계 정리하기

2 이 글과 [자료]를 보고 빈칸에 들어갈 말을 알맞게 나타낸 것은 무엇입니까? ( )

자료

태양계를 이루고 있는 행성들은 지구형 행성과 목성형 행성으로 구분할 수 있다. 태양에서부터 화성 궤도 안쪽에 있는 행성은 지구형 행성에 해당한다. 이 행성들은 지구와 크기가 유사하며 암석으로 이루어져 있다.

목성형 행성은 지구형 행성 바깥 궤도를 돌고 있는 행성들이다. 목성형 행성은 가스로 이루어져 있고, 크기가 크다. 또한 많은 위성을 가지고 있고, 공통적으로 행성의 둘레에 고리를 가지고 있다.

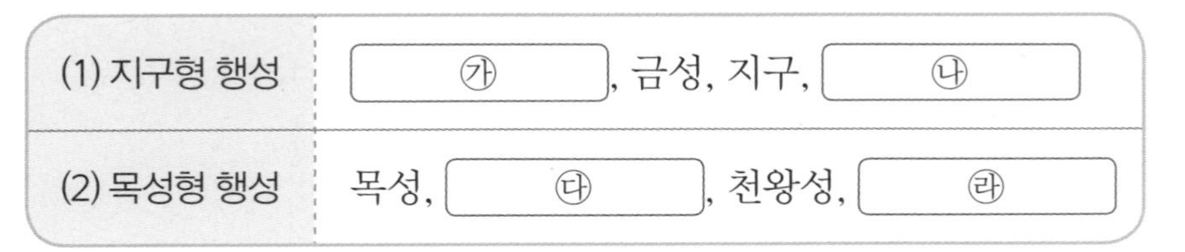

(1) 지구형 행성	㉮, 금성, 지구, ㉯
(2) 목성형 행성	목성, ㉰, 천왕성, ㉱

① ㉮-수성 ㉯-토성 ㉰-화성 ㉱ 해왕성
② ㉮-수성 ㉯-화성 ㉰-토성 ㉱ 명왕성
③ ㉮-수성 ㉯-화성 ㉰-토성 ㉱ 해왕성
④ ㉮-토성 ㉯-화성 ㉰-수성 ㉱ 해왕성
⑤ ㉮-화성 ㉯-해왕성 ㉰-수성 ㉱ 해왕성

문해력 tip 대상에 대한 정보를 정리하며 읽기

지문 외에 추가로 주어지는 자료를 통해 지문에 있는 내용을 도식화해서 나타낸 문제입니다. 지문과 자료의 연관성을 생각하며 글의 내용을 정리해 봅시다.

지문의 내용을 바탕으로 크기가 비슷한 행성끼리 묶으며 지구형 행성과 목성형 행성을 나눠 봅시다.

두 대상을 비교하는 내용 정리하기

3 천왕성과 해왕성의 공통점을 알맞게 설명한 것은 무엇입니까? ( )

① 몹시 차가운 얼음 행성이다.
② 표면의 온도가 지구보다 훨씬 높다.
③ 소행성대를 지나기 전에 위치해 있다.
④ 태양계에서 가장 많은 위성을 가지고 있다.
⑤ 매우 밝게 빛나는 별이라서 맨눈으로도 볼 수 있다.

문해력 tip 두 대상을 비교하기

글에 나온 여러 행성 중 두 행성의 특징을 살피며 비슷한 점이 무엇인지 정리해 봅니다.

3일 2주

글의 내용 파악하기

4 **수성에 대한 설명으로 알맞은 것에 ○표, 틀린 것에 ×표 하시오.**

(1) 태양계에서 가장 작은 행성이다. ( )

(2) 평균 온도가 매우 뜨겁고 공기가 희박하다. ( )

(3) 금성과 지구를 지나 태양계 바깥 쪽에 위치해 있다. ( )

핵심 정보 파악하기

5 **다음 설명에 해당하는 행성은 무엇입니까?** ( )

- 밤하늘에서 매우 밝아서 '샛별'이라고도 불린다.
- 온실 효과가 강하게 일어나서 표면 온도가 매우 높다.

① 지구 ② 태양 ③ 수성
④ 화성 ⑤ 금성

중요한 내용 파악하기

6 **화성이 붉게 보이는 까닭은 무엇입니까?** ( )

① 대기층이 매우 두껍기 때문에
② 별 전체에 노을이 지기 때문에
③ 많은 위성을 가지고 있기 때문에
④ 산화철이 많이 들어 있는 흙 때문에
⑤ 태양에 가장 가까운 행성이기 때문에

글의 내용 파악하기

7 **다음 설명에 해당하는 행성의 이름을 쓰시오.**

- 태양계에서 두 번째로 큰 행성이다.
- 원반처럼 생긴 아름다운 고리를 가지고 있다.

( )

▶ 정답 9쪽

태양계의 행성들

≫ 태양계의 행성들에 대해 설명한 글을 읽었습니다. 빈칸에 들어갈 말을 [보기]에서 찾아 써넣으며 글 내용을 정리해 봅시다.

보기

얼음	큰	뜨거운	고리
불	작은	가스	차가운

태양계의 행성들

- 수성 — 태양계에서 가장 ❶ (　　　) 행성
- 금성 — 온실 ❷ (　　　) 때문에 뜨거운 행성
- 화성 — 지구와 비슷한 크기로, 붉게 보이는 행성
- 목성 — 태양계에서 가장 ❸ (　　　) 행성
- 토성 — 아름다운 원반 모양의 ❹ (　　　)가 있음.
- 천왕성 — 몹시 차가운 ❺ (　　　) 행성
- 해왕성 — 태양계에서 가장 멀리 떨어져 있는 행성

3일 2주

어휘의 힘

별의 여러 가지 뜻

▶ 정답 9쪽

별의 여러 가지 뜻을 살펴보고 어떤 경우에 사용할 수 있을지 생각해 봅시다.

별 ①

밤하늘에서 밝게 빛나는 천체.

별 ②

군인의 계급장을 나타내는 말.

별 ③

위대한 업적을 남긴 사람을 비유적으로 이르는 말.

별 ④

머리를 세게 맞거나 부딪쳤을 때 눈 앞에서 불꽃처럼 아른거리는 것.

1 밑줄 친 '별'은 어떤 뜻으로 쓰였는지 위의 번호를 쓰시오.

(1) 우리나라 군대에서 소장은 별이 2개, 중장은 별이 3개입니다. ( )

(2) 우리가 사는 우주에는 별이 셀 수도 없을 만큼 많이 있습니다. ( )

(3) 스마트폰만 보면서 걷다가 나무에 부딪쳤더니 별이 번쩍였습니다. ( )

(4) 어제 삼국지를 읽었는데 제갈공명이 죽는 부분에서 오장원의 큰 별이 졌다고 표현되어 있었습니다. ( )

2 밑줄 친 '별'의 뜻이 다른 하나는 어느 것입니까? ( )

① 별빛이 아름답다.
② 별자리를 공부했다.
③ 우주에는 별이 많다.
④ 시골에선 별이 잘 보인다.
⑤ 복도에서 넘어지고 별을 보았다.

한국사 녹두 장군 전봉준

배경지식의 힘

QR을 찍어 동영상을 보고
동학 농민군에 대해 알아봅시다.

동학 | # 농민군 # 무명옷 # 죽창 # 장태 # 전봉준

동영상을 보고 알맞은 것에 ✓ 하세요.

▶ 정답 10쪽

1 19세기 말 전라도에 있던 어느 산이 흰색처럼 보인 까닭은 무엇인가요?

㉠ 눈이 많이 내렸기 때문에 ☐
㉡ 무명옷을 입은 농민군 때문에 ☐

2 죽창은 무엇인가요?

㉠ 갈대를 엮어 만든 무기 ☐
㉡ 대나무를 비스듬히 잘라 만든 무기 ☐

3 대나무로 만든 원통형의 닭장을 무엇이라고 부르나요?

㉠ 장태 ☐
㉡ 망태 ☐

4 전봉준 장군은 농민군들의 두려움을 없애기 위해 어떻게 하였나요?

㉠ 옷섶을 물고 싸우게 했다. ☐
㉡ 최신 무기를 구해 주었다. ☐

녹두 장군 전봉준

키워드		쉬움	보통	어려움
• 전봉준 • 동학	제재 어휘 문장			

전봉준은 1855년 전라북도 고창군에서 몰락한 양반 출신 집안의 아들로 태어났다. '녹두'는 전봉준의 체구가 작아서 불린 별명이다. 전봉준은 청소년기에 서당에서 훈장 역할을 맡기도 했으며, 지관으로서 사람들에게 묫자리도 정해 주었다고 한다. 또 시장에서 장사를 하기도 했다.

전봉준은 30대 전후에 동학에 몸을 담았다. 전봉준이 20~30대일 무렵 조선 사회는 극도로 어수선했다. 개항을 계기로 하여 외세는 물밀 듯이 밀려들어 왔고, **탐관오리**들의 착취가 극에 달하면서 위기 상황은 날이 갈수록 심해졌다.

1894년 3월 21일 전봉준은 선두로 나서 수백 명의 동학교도를 이끌고 고부 관아를 공격하였는데, 이를 '고부 **봉기**'라고 한다. 이에 놀란 군수 조병갑은 도망쳤고, 전봉준은 관아의 무기를 빼앗고 세금을 가난한 농민들에게 나누어 주었다. 부패한 관리들을 붙잡았으며, 수탈에 앞장섰던 아전들을 처단하고 불법으로 거둬들인 곡식을 가난한 백성들에게 나누어 주었다.

이후 전봉준은 동학군의 동도대장이 되어 일본과 서양 세력을 배척하고 부패한 지배 계급을 **타파**하는 등의 강령을 내세우고 부근의 고을로 진격하여 관군을 무찔렀다. 이어 부안·정읍·고창 등을 장악하고, 나중에는 전주까지 점령했다. 전주를 점령한 직후 그는 농민군의 개혁 조항을 관군에서 일부 받아들이기로 하는 약속을 받아 냈다.

그 후 전봉준은 20여 명의 간부를 인솔하여 각지로 다니며 교도를 격려하고 집강소를 설치하는 등 조직 강화에 힘썼다. 한편 정부의 관리들과 대등한 처지에서 정치적인 내용을 상의하는 등 강력한 권한을 행사했다. 그러나 근본적인 개혁은 이루어지지 않았고, 청일전쟁 이후 점차 조선에서의 침략 행위를 더해가는 일본에 격분하여 다시 봉기했다.

그러나 전봉준은 공주 우금치에서 기관총을 비롯한 근대 무기를 갖춘 조선 관군과 일본군에게 크게 패하였고, 몇 번 더 패전을 당한 끝에 순창으로 퇴각하였다. 전봉준은 재편성을 노렸으나 옛 부하의 **밀고**로 체포되었다. 1895년 4월 23일 재판에서 동학 농민 운동을 지도했던 동지들과 함께 사형을 선고받고 채 하루도 지나지 않아 이튿날 새벽, 교수형으로 생을 마쳤다.

어휘 풀이

- 탐관오리: 백성의 재물을 탐내어 빼앗는, 행실이 깨끗하지 못한 관리.
- **봉기**: 벌 떼처럼 떼 지어 세차게 일어남.
- **타파**: 부정적인 규정, 관습, 제도 따위를 깨뜨려 버림.
- **밀고**: 남몰래 넌지시 일러바침.

탐관오리

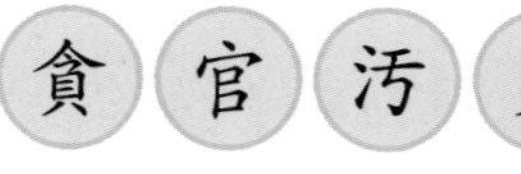

탐할 **탐** / 관직 **관** / 더러울 **오** / 벼슬아치 **리**

인물이 처한 시대 상황 파악하기

1 전봉준이 동학에 몸을 담기 전의 시대 상황으로 알맞지 않은 것은 무엇입니까? ( )

① 사회 분위기가 어수선했다.
② 개항 이후 외세가 많이 들어왔다.
③ 탐관오리들의 착취가 몹시 심했다.
④ 조선 사회는 매우 안정되어 있었다.
⑤ 백성들이 탐관오리들에게 고통받는 상황이었다.

문해력 tip 인물과 시대 상황
전기문 등에서 인물의 삶을 파악할 때 시대적 상황을 꼭 살펴야 합니다. 인물의 삶에 큰 영향을 미치는 요소이기 때문입니다.

인물이 한 일 파악하기

2 '이것'은 무엇에 대한 설명인지 이 글에서 찾아 쓰시오.

- 이것은 동학 농민 운동 때 동학 농민군이 전라도 지방에 설치한 자치적 개혁 기구로, 한 명의 집강과 다른 임원이 행정 사무를 맡아보는 식으로 운영되었다.
- 전봉준은 이것 20여 개를 설치하여 민심 안정과 조직 강화에 힘썼다.

( )

4일 2주

대상에 대상 정보를 정리하며 읽기

3 전봉준의 삶을 다음과 같이 정리할 때, ㉠과 ㉡에 들어갈 말로 알맞은 것은 무엇입니까? ( )

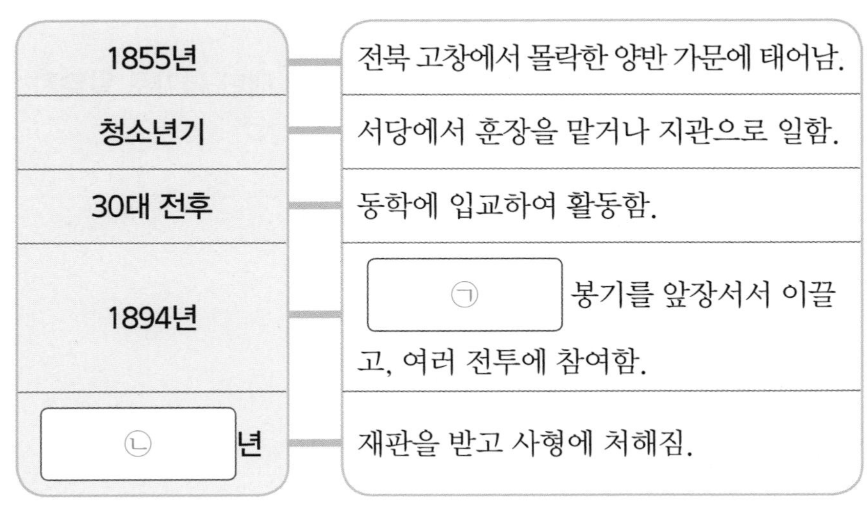

1855년	전북 고창에서 몰락한 양반 가문에 태어남.
청소년기	서당에서 훈장을 맡거나 지관으로 일함.
30대 전후	동학에 입교하여 활동함.
1894년	㉠ 봉기를 앞장서서 이끌고, 여러 전투에 참여함.
㉡ 년	재판을 받고 사형에 처해짐.

① ㉠-정읍 ㉡-1895
② ㉠-고부 ㉡-1896
③ ㉠-고부 ㉡-1895
④ ㉠-전주 ㉡-1896
⑤ ㉠-우금치 ㉡-1897

문해력 tip 시간 순서에 따라 정리하기
인물의 생애를 쓴 글을 읽을 때에는 그 인물이 태어났을 때부터 무슨 일을 하였는지 시간 순서로 정리하면 내용을 일목요연하게 알 수 있습니다.

글의 내용 파악하기

4 **전봉준이 '녹두 장군'이라고 불린 까닭은 무엇입니까?** ( )

① 녹두를 좋아했기 때문에
② 초록색을 좋아했기 때문에
③ 전봉준의 체구가 작았기 때문에
④ 초록색 머리띠를 자주 했기 때문에
⑤ 전봉준의 고향 특산물이 녹두였기 때문에

핵심 정보 파악하기

5 **'고부 봉기'에 대한 설명으로 알맞지 않은 것은 무엇입니까?** ( )

① 전봉준은 고부 관아의 무기를 빼앗았다.
② 전봉준은 고부 관아의 부패한 관리들을 붙잡았다.
③ 고부 군수 조병갑은 동학교도에 붙잡혀 죗값을 치렀다.
④ 전봉준이 동학교도와 함께 고부 관아를 습격한 사건이다.
⑤ 전봉준은 가난한 농민에게 고부 관아의 곡식을 나누어 주었다.

인물이 추구하는 가치 판단하기

6 **[자료]는 전봉준이 사형을 당하기 전에 남긴 시입니다. 전봉준에 대한 평가로 알맞지 않은 것에 ×표 하시오.**

자료

때가 오니 천하가 모두 힘을 같이 했건만
운이 다하니 영웅도 스스로 할 바를 모르겠구나.
백성을 사랑하는 정의일 뿐 나에게는 잘못이 없나니
나라를 위하는 오직 한마음 그 누가 알리.

(1) 전봉준은 자신의 출세를 위해 동학 동민 운동에 참가하였다. ( )
(2) 전봉준은 백성을 위하는 마음을 갖고 동학 농민 운동에 참여했다. ( )
(3) 전봉준은 사형을 당하는 순간까지도 나라를 걱정하는 마음을 내비쳤다. ( )

▶ 정답 10쪽

녹두 장군 전봉준

» 녹두 장군 전봉준에 대한 글을 읽었습니다. 빈칸에 들어갈 말을 [보기]에서 찾아 써넣으며 글 내용을 정리해 봅시다.

보기

집강소	훈장	조병갑	화순
동도대장	동학	천주교	순창

전봉준의 생애

❶ 출생 ~ 유년기

- 전북 고창에서 몰락한 양반 가문에 태어남.
- 서당에서 ❶ (　　　)을/를 맡거나 지관으로도 일함.

❷ 청년기

- 조선 사회 분위기가 어수선하던 시기 ❷ (　　　)에 들어가 몸담음.

❸ 녹두 장군

- 고부 봉기를 앞장서서 지휘함.
- ❸ (　　　)이/가 되어 활발히 활동하며 집강소를 설치.

❹ 체포, 사망

- ❹ (　　　)(으)로 퇴각한 이후 옛 부하의 밀고로 체포됨.
- 재판에서 사형을 선고받고, 이튿날 형이 집행됨.

관직과 관련된 속담

▶ 정답 10쪽

관직과 관련된 속담을 살펴보고 어떤 경우에 사용할 수 있을지 생각해 봅시다.

속담 사또 덕분에 나팔 분다

사또와 함께 가니 / 호화로운 대접을 받다

뜻 남의 덕으로 당치도 않은 행세를 하거나 그런 대접을 받고 우쭐대는 모양을 비유적으로 이르는 말.

속담 평안 감사도 저 싫으면 그만이다

높은 벼슬처럼 좋은 일도 / 억지로 하게 만들 수는 없다

뜻 아무리 좋은 일이라도 당사자의 마음이 내키지 않으면 억지로 시킬 수 없다는 뜻의 속담.

1 '평안 감사도 저 싫으면 그만이다'를 사용할 수 있는 상황은 언제입니까? ( )

① 전교 학생회장으로 출마하였는데 한 표도 얻지 못한 경우
② 떡볶이를 주문했는데 재료가 떨어졌다며 주문을 받지 않는 경우
③ 영화제에서 대상을 받은 감독이 수상을 거부하고 나타나지 않는 경우
④ 남의 덕으로 좋은 대접을 받은 것인데 자신이 잘난 것처럼 행세하는 경우
⑤ 국회의원 선거에서 당선되었는데 선거법 위반 때문에 당선이 무효로 된 경우

2 속담을 알맞게 활용하여 말한 친구는 누구입니까?

혜윤: 사또 덕에 나팔 분다더니 그 말이 딱 맞네. 너는 우리 학교 야구부 우승하는데 뭐 한 것도 없으면서 너무 잘난 체하지 마라.
다인: 평안 감사도 저 싫으면 그만이라는데 말이 너무 심하네. 나도 뒤에서 보이지 않게 열심히 도와줬어.

( )

생물 | 화학 | 물리 | 지구과학 | 우주

과학 열이 전달되는 세 가지 방식

배경지식의 힘

QR을 찍어 동영상을 보고
열기구에 대해 알아봅시다.

열기구 | # 몽골피에_형제 # 공기_주머니 # 연소_장치 # 열기구의_원리

5일 2주

동영상을 보고 알맞은 것에 ✓ 하세요.

▶ 정답 11쪽

1 세계 최초의 열기구를 만든 사람은 누구인가요?

㉠ 라이트 형제 ☐
㉡ 몽골피에 형제 ☐

2 열기구의 공기 주머니는 어떤 역할을 하나요?

㉠ 공기를 차갑게 하는 역할 ☐
㉡ 뜨거운 공기를 가두어 두는 역할 ☐

3 열기구의 연소 장치는 어떤 역할을 하나요?

㉠ 공기를 데우는 역할 ☐
㉡ 공기를 바깥으로 내보내는 역할 ☐

4 열기구는 어떤 원리를 이용하여 위로 떠오르나요?

㉠ 따뜻한 공기가 위로 올라가는 성질 ☐
㉡ 따뜻한 공기가 아래로 내려가는 성질 ☐

열이 전달되는 세 가지 방식

키워드		쉬움 보통 어려움
• 열 전달 • 전도, 대류, 복사	제재 어휘 문장	

(가) 몹시 추운 겨울날에도 햇볕이 내리쬐는 곳에 있으면 쉽게 온기를 느낄 수 있다. 오래 비워 두었던 집에 돌아와 난방을 켜면 처음엔 바닥만 따뜻하다가 점차 집 안의 공기도 **훈훈해진다**. 스테인리스 컵에 뜨거운 음료를 담아 두면 컵이 뜨거워서 깜짝 놀라기도 한다. 이렇게 열이 전달되는 방식은 다양하다.

(나) 첫 번째로 움직이지 않는 물체 사이의 온도 차이에 의해서 열이 전달되는 현상을 '전도'라고 한다. 온돌방에 앉아 있으면, 뜨거운 방바닥 위의 엉덩이가 뜨거워지는 것처럼 물체가 **접촉**만 하고 있어도 두 물체 사이의 온도 차이에 의해서 열이 전달되는 방식이다. 또, 요리를 할 때 끓고 있는 냄비 속에 넣어 둔 국자가 뜨거워지는 현상도 전도 때문이다. 전도 현상은 한 물체 내에서 온도 차이가 발생하면 한쪽 끝에서 다른 쪽으로 열이 전달되는 방식으로 일어나기도 한다.

(다) 두 번째로 '대류' 현상을 통해 열이 전달될 수 있다. '대류'는 공기나 물과 같은 상태의 물질에서 열이 전달되는 현상을 말한다. 찬물이 들어 있는 냄비를 불 위에 올려놓으면 냄비 속의 물은 가열되어 온도가 올라가게 되고, 냄비 속에서는 끊임없이 물이 아래에서 위로 그리고 위에서 아래로 **순환**되는 것을 볼 수 있다. 이런 현상이 일어나는 이유는 물의 **밀도**가 온도에 따라 변화하기 때문이다. 불에 가까운 쪽의 물은 온도가 더 빨리 올라가서 밀도가 낮아지고, 불에서 먼 위쪽의 물은 온도가 더 늦게 올라가므로 밀도가 높다. 밀도가 낮은 물은 위로 올라가고, 밀도가 높은 위쪽의 물은 아래로 내려간다. 이러한 현상이 반복되면서 물에 열이 골고루 전달된다.

(라) 마지막으로, '복사' 현상을 통해서도 열이 전달될 수 있다. '복사'는 눈에 보이지 않는 **전자기파** 형식으로 열이 전달되는 현상을 말한다. 예를 들어 겨울철 햇볕이 내리쬐는 곳에 있으면 따뜻한 느낌을 받는데, 태양에서 방출되는 열이 '복사' 방식으로 지구에 전달되는 것이다. 태양과 지구 사이에는 진공 상태로 어떠한 물질도 존재하지 않기 때문에 전도나 대류 현상이 일어나지 않지만, 태양의 뜨거운 온도가 지구까지 전달될 수 있는 것은 바로 '복사' 때문이다.

어휘 풀이

- **훈훈해진다**: 온도가 견디기 좋을 만큼 더워진다.
- **접촉**: 서로 맞닿음. 예 접촉 불량이라 불이 켜지지 않는다.
- **순환**: 주기적으로 자꾸 되풀이하여 도는 것.
- 밀도: 어떤 물질의 단위 부피만큼의 질량.
- **전자기파**: 전기장과 자기장이 주기적으로 변화하면서 전달되는 파동.

▶ 포도 주스와 오렌지 주스의 밀도 차이

대상의 뜻이나 개념 정리하기

1 글 (나)의 내용을 잘못 이해한 것은 무엇입니까? ( )

① 전도 현상은 하나의 물체 내에서는 일어나지 않는다.
② 전도 현상은 두 물체 사이의 온도 차이에 의해 일어난다.
③ 뜨거운 물체에 차가운 물체가 닿으면 차가운 물체 쪽으로 열이 전달된다.
④ 끓는 냄비에 조리 기구를 넣어 놓으면 점점 뜨거워지는 것도 전도의 예이다.
⑤ 따뜻한 방바닥에 앉아 엉덩이가 점점 따뜻해지는 현상은 전도로 설명할 수 있다.

문해력 tip 개념 정리하기

문단 (나)는 열이 전달되는 세 가지 방식 중 '전도'에 대하여 설명한 부분입니다.

대상의 개념 정리하기

2 다음은 어떤 현상을 설명한 것입니까? ( )

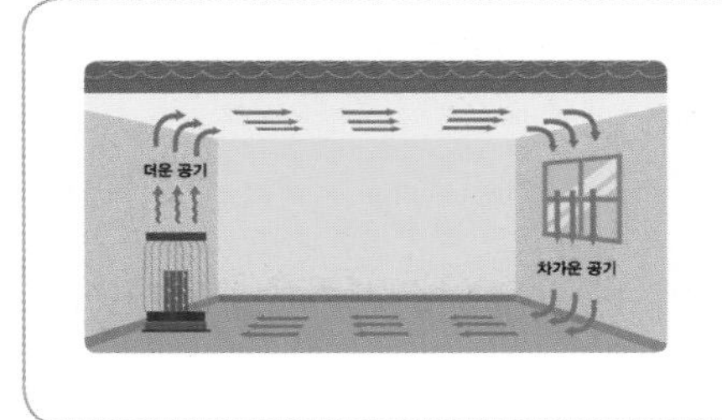

난로를 피우면 따뜻한 공기는 위로 올라가고 차가운 공기는 아래로 내려온다. 이러한 과정이 되풀이되면서 방 전체가 고르게 따뜻해진다.

① 발열 ② 복사 ③ 대류 ④ 전도 ⑤ 냉각

대상에 대한 정보를 정리하며 읽기

3 글 (다)를 다음과 같이 정리할 때, 빈칸에 공통으로 들어갈 알맞은 말은 무엇입니까? ( )

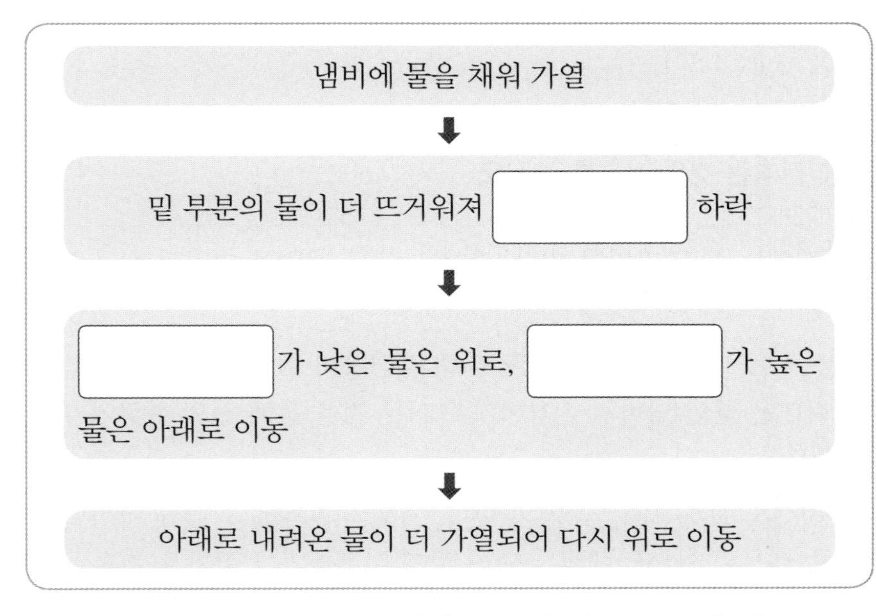

① 온도 ② 전도 ③ 복사 ④ 밀도 ⑤ 대류

문해력 tip 대상에 대한 정보를 정리하며 읽기

글에서 설명하는 내용을 차근차근 단계별로 나누어서 생각하면 글의 내용을 이해하는 데에 도움이 됩니다.

대류 현상이 일어나는 원인을 떠올리며, 온도에 따라 높아졌다가 낮아지는 것은 무엇일지 생각해 봅니다.

5일 2주

대상에 대한 정보를 정리하며 읽기

4 글 (라)를 다음과 같이 정리할 때, 빈칸에 들어갈 알맞은 말을 쓰시오.

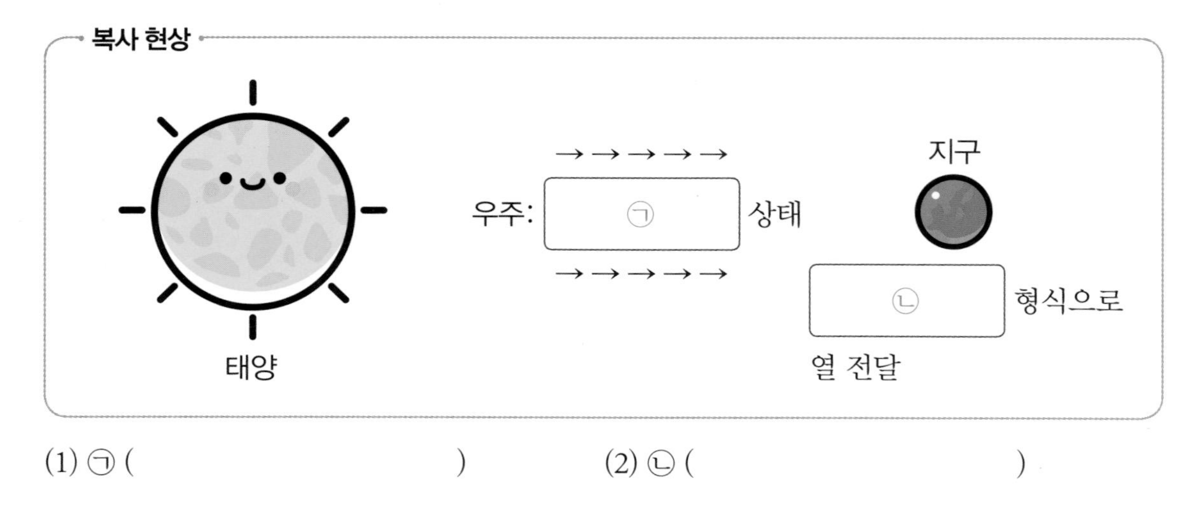

(1) ㉠ (　　　　　　　　　　　)　　　　(2) ㉡ (　　　　　　　　　　　)

글의 종류 파악하기

5 이 글을 쓴 목적은 무엇이겠습니까? (　　　)

① 열에너지 낭비를 막기 위해 썼다.
② 열이 전달되는 방식을 배우기 위해 썼다.
③ 열을 빨리 식히는 방법을 찾기 위해 썼다.
④ 열이 전달되는 방식을 설명하기 위해 썼다.
⑤ 열이 전달되는 새로운 방식을 알아내기 위해 썼다.

글의 내용 간추리기

6 이 글의 내용을 알맞게 간추린 것의 기호를 쓰시오. (　　　)

㉠ 열이 전달되는 방식에는 여러 가지가 있다. 추운 날에도 햇볕이 내리쬐는 곳은 따뜻한 것, 뜨거운 물에 담근 숟가락이 뜨거워지는 것이 그 예이다.

㉡ 라면을 끓일 때 물이 보글보글 끓는 것을 통해 대류 현상이 일어나고 있다는 것을 알 수 있다. 그리고 라면을 끓인 냄비의 손잡이가 뜨거운 것을 통해 전도 현상이 일어났다는 것을 알 수 있다.

㉢ 열이 전달되는 방식에는 전도, 대류, 복사가 있다. 전도는 접촉한 두 물체 사이의 온도 차에 의해 열이 전달되는 것이고, 대류는 뜨거운 것은 올라가고 차가운 것은 내려가는 방식에 의해 일어난다. 복사는 전자기파로 열이 전달되는 방식을 말한다.

▶ 정답 11쪽

열이 전달되는 세 가지 방식

» 열이 전달되는 방식에 대해 설명한 글을 읽었습니다. 빈칸에 들어갈 말을 [보기]에서 찾아 써넣으며 글 내용을 정리해 봅시다.

보기

고체	온도	전자기파	진공
액체	밀도	무게	부피

열이 전달되는 방식

- **전도**
  - 두 물체 사이의 ❶ (　　　) 차이에 의해서 일어남.
  - 하나의 물체 내에서도 전도가 일어날 수 있음.
  - 예 끓는 냄비에 넣어 둔 조리 기구가 뜨거워지는 것.
- **대류**
  - ❷ (　　　)나 기체 같은 물질에서 열이 전달되는 방식임.
  - 더 뜨거운 액체나 기체는 ❸ (　　　)가 낮아지므로 위로 올라가고, 밀도가 상대적으로 높은 액체나 기체는 밑으로 내려가며 대류가 일어남.
- **복사**
  - 전도나 대류가 아닌 ❹ (　　　)(으)로 열을 전달하는 방식
  - 예 태양의 열이 진공 상태인 우주 공간에서 지구까지 전달되는 것

5일 2주

열과 관련된 사자성어

▶ 정답 11쪽

열과 관련된 사자성어를 살펴보고 어떤 경우에 사용할 수 있을지 생각해 봅시다.

사자성어 이열치열

以 熱 治 熱

써 **이** 더울 **열** 다스릴 **치** 더울 **열**

열을 가지고 / 열을 / 다스리다

뜻 열은 열로써 다스림. 열이 날 때 땀을 낸다든지, 힘은 힘으로 물리친다든지 하는 것을 이를 때에 쓰는 말.

사자성어 순망치한

脣 亡 齒 寒

입술 **순** 망할 **망** 이 **치** 찰 **한**

입술이 / 없으면 / 이가 / 시리다

뜻 입술이 없으면 이가 시리다는 뜻으로, 가까운 어느 한쪽이 망하면 다른 한쪽도 그 영향을 받아 온전하기 어려움을 이르는 말.

1 '순망치한'을 사용할 수 있는 상황에 ○표 하시오.

(1) 더 좋은 축구화를 신어도 축구 실력이 도무지 늘지 않는 경우 ( )

(2) 아주 유명한 관광지에 도착했지만 구경하기 전에 식사부터 하는 경우 ( )

(3) 모둠 과제를 할 때 한 명이라도 빠지면 좋은 점수를 받을 수 없는 경우 ( )

2 '이열치열'을 알맞게 활용하여 말한 친구는 누구입니까?

영수: 아이고 너무 덥네. 이열치열로 냉면이나 먹고 싶다.

정재: 그게 어떻게 이열치열이야? 냉면은 차가운 음식이잖아. 이열치열을 하고 싶으면 뜨끈한 국밥이 최고지.

( )

글의 짜임을 파악하며 읽기

문해력이 뛰어난 사람은 어떻게 읽을까?

문해력이 뛰어난 사람은 글을 구조적으로 읽어요. 글의 전개 방법을 파악하고 지금 읽고 있는 부분이 전체에서 어떤 역할을 하는지 머릿속에 그려 가며 읽기 때문에 글에 대한 이해도가 훨씬 높아요. 대상이나 주제를 나누어 설명하는 방식인 분석과 분류 짜임 등에 대해 공부해요.

3주에 공부할 내용

문해력

비문학 독해

글의 짜임을 파악하며 읽기

이런 친구들을 위한 **문해력 솔루션!**

- 분류와 분석을 구분하는 데 어려움을 느낀다.
- 글 전체에도 짜임이 있다는 것을 이해하지 못한다.
- 지금 읽고 있는 부분이 글에서 어떤 부분인지 파악하지 못한다.

분석 짜임

어떤 대상의 **전체를 이루는 부분들을 작게 분해하여 설명하는 것을 '분석'**이라고 해요. 대상을 분석하는 글은 다음과 같이 각 부분의 특성을 생각하며 읽어요.

> 잠자리의 머리에는 **커다란 겹눈**이 있다. 잠자리의 겹눈은 시야각이 넓어 뒤까지 볼 수 있다. 잠자리의 머리는 이 겹눈이 대부분을 차지하고 있다. 잠자리는 **두 쌍의 날개**가 있다. 날개는 얇고 투명한데 그물 모양이다. 잠자리는 앞뒤 날개를 따로 움직여 공중에 멈춰 서거나 뒤로 나는 것도 가능하다. 가슴과 붙어 있는 **잠자리의 배**는 가늘고 길다. 기다란 배는 몇 개의 마디로 나뉘어 있다.

→ 겹눈
→ 날개
→ 배

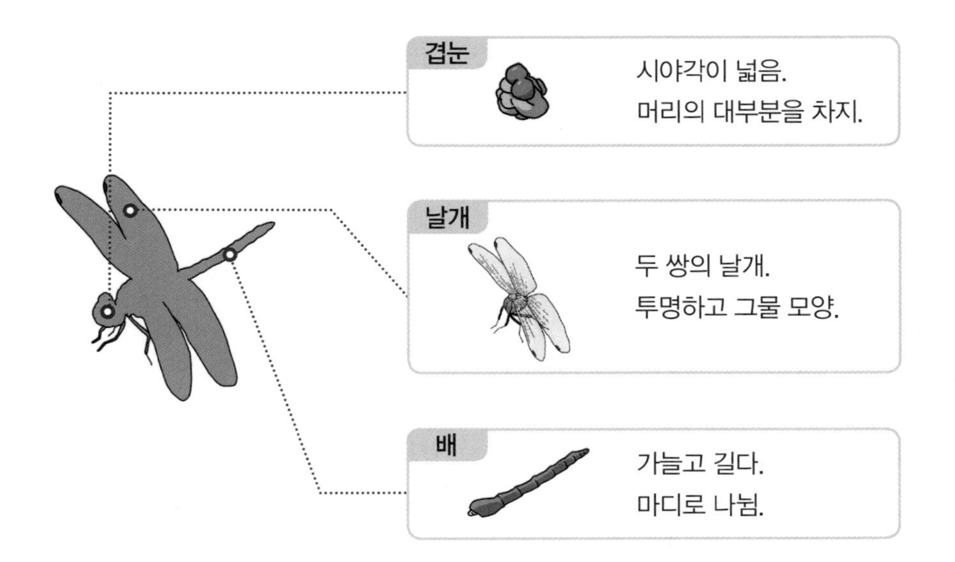

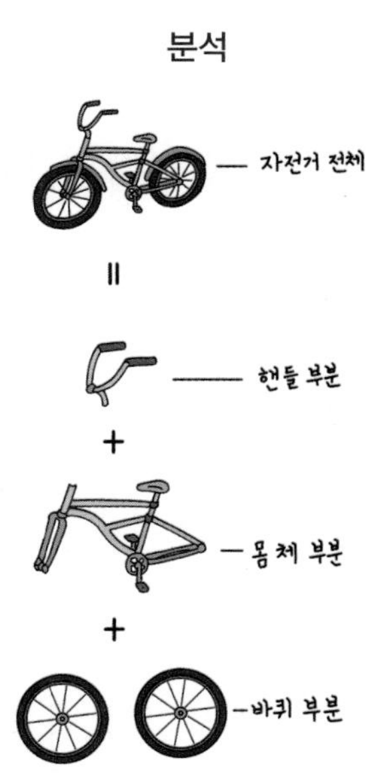

잠자리의 겹눈, 날개, 배에 대해 나누어 설명했어요. 이처럼 분석은 설명하는 대상을 작은 부분으로 나누어 해당 부분의 특징을 자세히 설명하는 글의 짜임이에요.

분류 짜임

어떤 기준에 따라 여러 대상을 묶어서 설명하는 방식을 '분류'라고 해요. 분류하는 글은 대상을 분류한 기준이 무엇인지, 같이 묶을 수 있는 대상은 무엇무엇이 있는지 생각하며 읽어요.

악기는 소리를 내는 방법에 따라 현악기, 관악기, 타악기로 나눌 수 있다. 현악기는 줄을 통기거나 마찰하여 소리를 내는 악기이다. 가야금, 거문고와 같은 전통악기부터 바이올린, 첼로와 같은 서양 악기가 현악기에 속한다. 관악기는 입으로 불어 소리를 내는 악기이다. 단소, 태평소, 오보에, 플루트 등의 관악기가 있으며 관악기는 악기에 쓰인 재료나 연주 방법에 따라 다양한 소리를 낸다. 타악기는 손이나 채로 악기를 두드려서 소리를 낸다. 꽹과리, 장구는 우리나라의 대표적인 타악기이고 건반을 두드리는 실로폰이나 마림바도 타악기에 속한다.

현악기

관악기

타악기

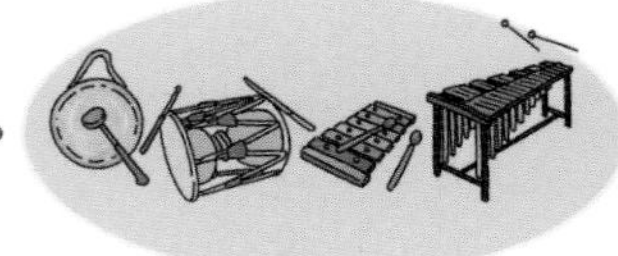

▲ 범주에 따라 묶어서 설명하는 분류

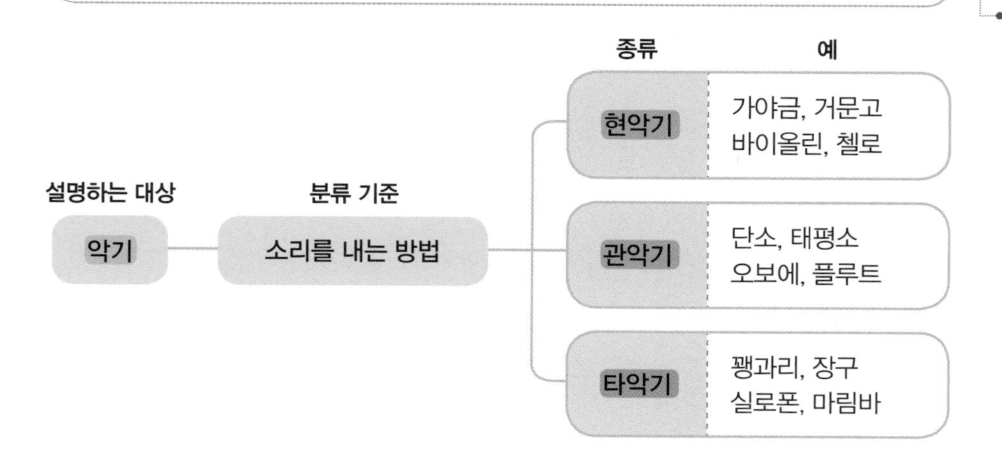

원인과 결과 짜임

원인과 결과 짜임의 글은 어떤 현상이나 사건이 왜 일어나고, 그 순서가 어떠한지 파악하는 것이 중요해요.

햇빛이 공기와 물 사이를 지나면서 우리 눈에 보이는 것이 무지개이다. 그런데 대기가 미세 먼지나 화학물질로 오염되어 있으면 햇빛이 물방울을 통과하기가 어렵다. 그래서 오늘날은 비가 온 뒤에도 무지개를 보기가 힘들다.

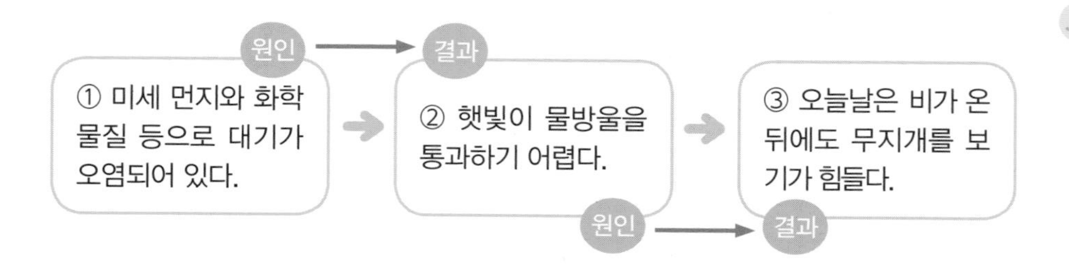

원인과 결과 짜임의 글에서 ②와 같이 어떤 내용은 앞에서 일어난 일의 결과가 되기도 하고 뒤에 오는 일의 원인이 되기도 한답니다.

비교 대조 짜임

두 대상에 대해 설명하는 글은 비교 대조의 짜임을 가져요. **비교 대조의 짜임을 가진 글은 공통점과 차이점을 찾는 것이 중요**해요.

> 개구리와 두꺼비는 육지와 물속에서 생활이 가능한 양서류이다. 작은 벌레를 잡아먹고 생김새도 비슷하다. 그러나 두꺼비의 피부는 오돌토돌하고 건조한 반면 개구리의 피부는 매끈하고 촉촉하다.

개구리와 두꺼비		
	공통점	양서류, 작은 벌레를 먹음, 생김새
	차이점	두꺼비 – 피부가 오돌토돌하고 건조함. 개구리 – 피부가 매끈하고 촉촉함.

두 대상을 견주어 설명하는 글은 공통점과 차이점을 중심으로 아래와 같이 정리할 수도 있어요.

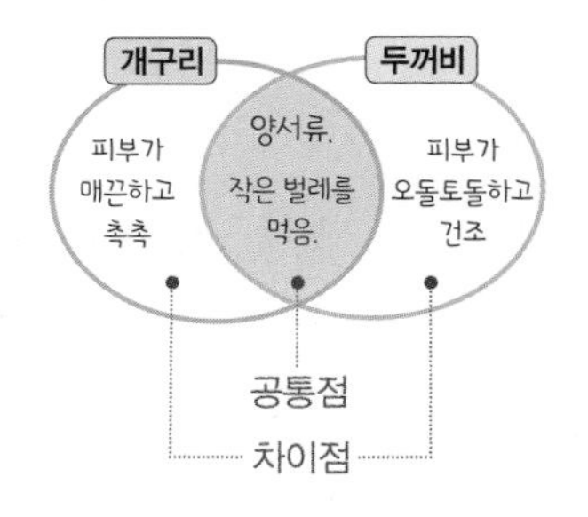

지도를 보면 지금 나의 위치가 어디이고 어디로 가야 할지 알 수 있듯이, 글의 짜임을 파악하고 읽으면 지금 읽고 있는 부분이 글 전체에서 어떠한 역할을 하고 어떤 의미를 갖는지, 또 어떤 내용을 머릿속에 담아야 하는지 잘 알 수 있게 된답니다.

문해력 솔루션! | **글의 짜임을 파악하며 읽기**

- 어떤 식으로 대상에 대해 설명하고 있는지 파악하며 읽자.
- 글의 짜임에 따라 글 내용을 머릿속에 그려 가며 읽자.

글의 짜임을 파악하며 읽기

▶ 정답 12쪽

1 다음 글의 ㉠과 ㉡에 들어갈 글의 짜임을 쓰시오.

> 꽃을 꽃잎, 꽃받침, 암술, 수술 등으로 나누어 자세히 설명하는 것은 (㉠)이지만 꽃을 계절에 따라 봄꽃, 여름꽃 등으로 나누어 같은 종끼리 묶어서 설명하는 것은 (㉡)이다.

(1) ㉠: (   )　　(2) ㉡: (   )

하나의 대상을 작은 부분으로 나누어 설명하면 분석.

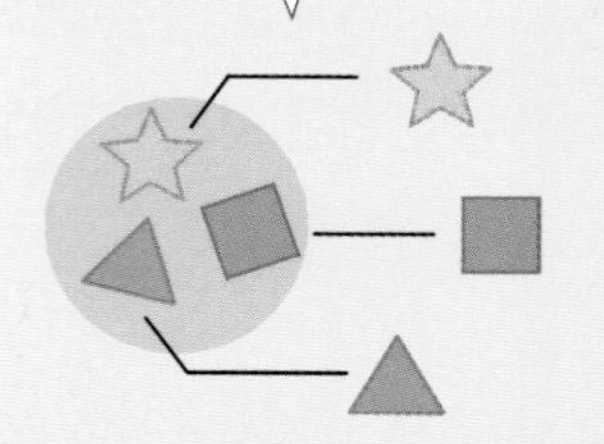

2 다음과 같이 내용을 전개하는 글은 어떠한 짜임을 가지는지 [보기]에서 찾아 표에 써넣으시오.

> 보기
> 분석　　비교 대조　　분류　　원인과 결과

	내용	짜임
(1)	무질서한 주차 때문에 크고 작은 교통사고가 자주 일어난다는 점을 설명하는 글	
(2)	여러 가지 문화재를 유형 문화재와 무형 문화재로 나누어 소개하는 글	
(3)	코끼리의 생김새에 대해 머리, 몸통, 다리 부분으로 나누어 설명하는 글	
(4)	화강암과 현무암을 비교하여 공통점과 차이점을 알기 쉽게 설명하는 글	

같은 종류끼리 묶어서 설명하는 것은 분류.

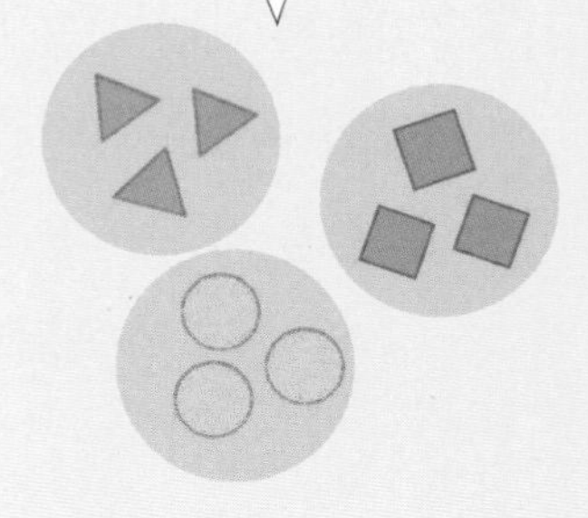

3 다음은 한글을 분석한 글입니다. 글의 짜임을 생각할 때 뒤에 이어질 문단의 내용으로 가장 알맞은 것은 어느 것입니까? (　　)

> 자음의 기본자는 'ㄱ, ㄴ, ㅁ, ㅅ, ㅇ'으로 사람의 발음 기관 모양을 본떠 만들었습니다. 'ㄱ'은 혀뿌리가 목구멍을 막는 모양, 'ㄴ'은 혀가 윗잇몸에 닿는 모양, 'ㅁ'은 입 모양, 'ㅅ'은 이 모양, 'ㅇ'은 목구멍 모양을 본떴으며, 나머지 자음자는 이 기본자에 획을 더해 만들었습니다.

① 자음자의 종류　　② 한글이 우수한 까닭
③ 모음자를 만든 원리　　④ 자음자와 모음자의 공통점
⑤ 모음자가 발전한 과정

- **중심 글감** 한글
- **글의 짜임** 분석
- **내용** ① 자음자를 만든 원리
  ② [?]

사회 세금의 종류

QR을 찍어 동영상을 보고
세금에 대해 알아봅시다.

세금 | # 세금의_종류 # 세금의_쓰임

동영상을 보고 알맞은 것에 ✓ 하세요.

▶ 정답 13쪽

1 공원, 공공 도서관, 박물관 등이 저렴하거나 공짜인 까닭은 무엇인가요?

㉠ 세금으로 유지하기 때문이다. ☐
㉡ 유지하는 데 비용이 들지 않기 때문이다. ☐

2 세금에 대한 설명으로 알맞은 것은 어느 것인가요?

㉠ 돈을 벌 때만 세금을 낸다. ☐
㉡ 돈을 쓸 때만 세금을 낸다. ☐
㉢ 돈을 벌 때와 쓸 때 모두 세금을 낸다. ☐

3 외국에서 수입된 물건에 붙어 있는 세금은 무엇인가요?

㉠ 관세 ☐
㉡ 특별 소비세 ☐
㉢ 부가 가치세 ☐

4 만약 우리가 세금을 내지 않는다면 어떻게 될까요?

㉠ 다른 나라와 관계가 나빠진다. ☐
㉡ 우리가 누릴 수 있는 것이 적어진다. ☐

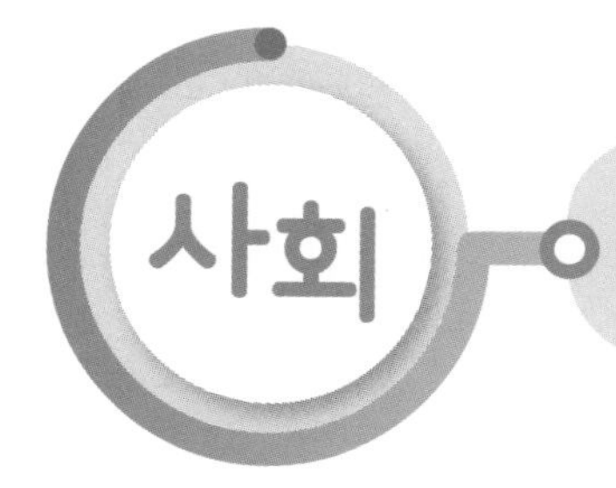

세금의 종류

키워드
• 세금의 종류
• 국민의 의무

	쉬움	보통	어려움
제재			
어휘			
문장			

우리나라의 모든 국민은 세금을 내. 국가에 일정한 세금을 내는 것은 국민으로서 지켜야 할 **의무** 중 하나야. 정부는 세금으로 나라를 지키고, 도로나 댐 등을 건설하고, 국민들의 건강을 보호하는 등 많은 일을 하지. 세금의 종류에는 어떤 것이 있을까?

나라 살림은 국가인 중앙 정부와 시·도·군과 같은 지방 정부의 살림으로 나눌 수 있어. 국가는 국민 전체를 위한 일을 하고, 지방 자치 단체는 지역 주민을 위한 일을 하지. 우리가 내는 세금도 중앙 정부의 살림을 위해 내는 것과 지방 자치 단체의 살림을 위해 내는 것으로 구분할 수 있는데, 중앙 정부에 내는 세금을 '국세'라 하고 지방 자치 단체에 내는 세금을 '지방세'라고 해.

이 중 국세는 외국으로부터 물품을 수입할 때 **부과하는** '관세'와 우리나라 안에서 사람이나 물품에 대해 부과하는 '내국세'로 나눌 수 있고, 내국세는 또다시 일반적인 나라 살림을 위해 쓰이는 '보통세'와 특별한 목적을 위해 사용되는 '목적세'로 구분할 수 있어.

보통세는 세금을 내야 하는 사람이 나라에 직접 내는 '직접세'와 간접적인 방법으로 내는 '간접세'로 나눌 수 있어. 직접세에는 벌어들인 **소득**에 따라 내는 소득세, 회사가 이익을 남긴 것에 대해 부과하는 법인세, 집이나 땅 같은 재산을 보유하고 있는 것에 대해 부과하는 재산세, **상속** 시 부과되는 상속세 등이 있어. 간접세에는 물건을 살 때 가격 속에 포함되어 있는 부가 가치세, **사치품**에 부과되는 특별 소비세 등이 있지. 1000원짜리 공책이 있다면 1000원에는 공책의 가격 900원과 부가 가치세 100원이 포함되어 있어. 우리가 공책을 살 때 직접 세금을 내지는 않지만, 공책의 가격에 포함된 부가 가치세를 간접적으로 내게 되는 거야.

목적세에는 교육 발전을 위해 부과되는 '교육세', 농어촌 발전을 위해 부과되는 '농어촌 특별세' 등이 있어.

국가에서는 세금을 국민들이 편안하고 행복하게 살 수 있게 하기 위해서, 또 국민들의 안전을 지키기 위해서 사용해. 그렇기 때문에 우리는 세금을 성실히 내야 해.

어휘 풀이

- 의무: 마땅히 해야 할 일.
- **부과하는**: 세금이나 부담금 따위를 매기어 부담하게 하는.
- **소득**: 일한 결과로 얻은 이익.
- **상속**: 친족 관계에서 다른 사람에게 재산에 관한 권리와 의무를 이어 주거나 이어받는 일.
- **사치품**: 분수에 지나치거나 생활의 필요 정도에 넘치는 물품.

○ 우리나라 국민의 5대 의무
① 교육의 의무
② 근로의 의무
③ 납세의 의무
④ 국방의 의무
⑤ 환경 보전의 의무

분류의 기준 파악하기

1 세금을 국세와 지방세로 나누는 기준으로 알맞은 것은 어느 것입니까? ( )

① 세금을 매기는 곳
② 세금을 내는 날짜
③ 세금을 내는 사람의 성별
④ 세금을 내는 사람의 직업
⑤ 세금을 내는 사람이 사는 지역

국세는 중앙 정부에 내는 세금, 지방세는 지방 자치 단체에 내는 세금이야.

2일 3주

기준에 알맞게 분류하기

2 국세 중 내국세를 분류 기준에 맞게 분류하여 정리한 것은 어느 것입니까? ( )

	분류 기준	분류하기
①	세금을 부과하는 대상	관세, 내국세
②	세금을 부과하는 대상	보통세, 목적세
③	세금을 사용하는 목적	관세, 내국세
④	세금을 사용하는 목적	보통세, 목적세
⑤	세금을 부과하는 나라	외국세, 내국세

3 보통세를 분류하는 방법을 알맞게 말한 사람의 이름을 쓰시오.

재호: 국민이 세금을 내는 방법에 따라 직접세와 간접세로 나눌 수 있어.
은하: 국민이 사는 물건의 종류에 따라 부가 가치세와 간접세로 나눌 수 있어.
세민: 세금을 사용하는 목적에 따라 교육세와 농어촌 특별세로 나눌 수 있어.

( )

문해력 tip 부가 가치세

부가 가치세는 물건 가격 속에 포함되어 있는데 쌀, 세제, 쓰레기봉투 등 생활 필수품이나 도서, 의료 등과 관련된 것들에는 부가 가치세가 붙지 않습니다.

핵심 정보 파악

4 다음 중 '보통세'에 해당하지 않는 것은 어느 것입니까? ( )

① 재산세 ② 상속세 ③ 교육세
④ 소득세 ⑤ 부가 가치세

5 ㉠에 공통으로 들어갈 세금의 종류는 무엇인지 낱말의 뜻을 참고하여 쓰시오.

영 수 증			
품 목	가 격	수 량	소 계
*생수	500	4	2,000
사이다	1,000	1	1,000
상품명 앞 *표시가 되어 있는 품목은 ㉠ 면세 품목입니다.			
	금 액		2,900
	㉠		100
합 계	₩ 3,000		

뜻
물건을 살 때 가격 속에 이미 포함되어 있는 간접세.

( )

6 다음 중 '농어촌 특별세'와 어울리지 않는 하나에 ×표 하시오.

국세 내국세 보통세 목적세

▶ 정답 13쪽

세금의 종류를 알아볼까요?

≫ 세금의 종류에 대해 설명하는 글을 읽어 보았습니다. 빈칸에 들어갈 말을 [보기]에서 찾아 써넣으며 글 내용을 정리해 봅시다.

보기

지방세	국세	관세	내국세
보통세	목적세	직접세	간접세

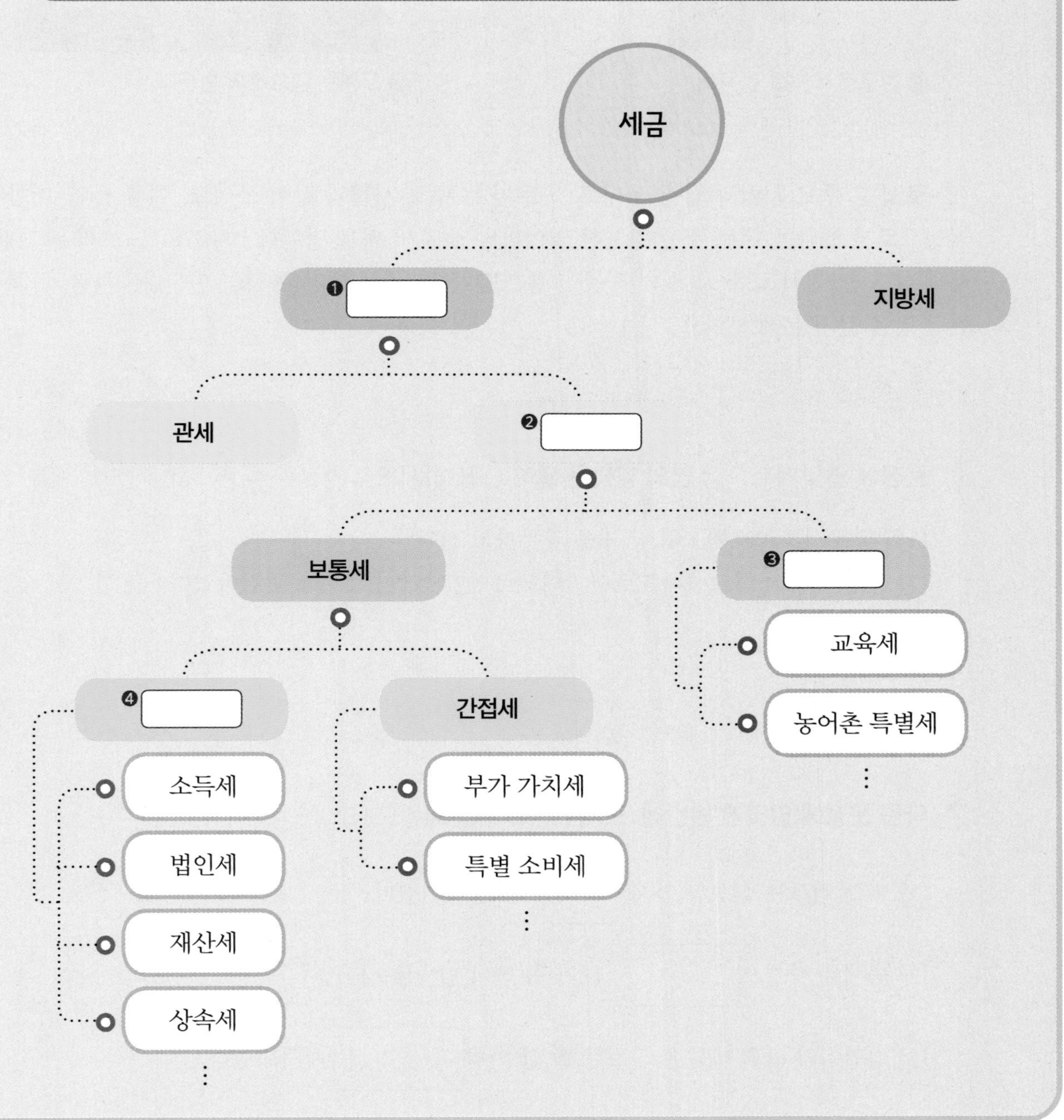

‘–로서’와 ‘–로써’

▶ 정답 13쪽

‘–로서’와 ‘–로써’는 어떻게 다를까요? 다음을 보고 생각해 봅시다.

–로서

지위나 신분 또는 자격을 나타낼 때 쓰는 말.

예 친구로서 너를 응원해.

–로써

어떤 물건의 재료나 원료 또는 어떤 일의 수단이나 도구를 나타낼 때 쓰는 말.

예 두부는 콩으로써 만든다.

‘**–로서**’는 주로 **사람**과 같이 쓰이고, ‘**–로써**’는 주로 **사물**과 같이 쓰여요. 예를 들면 ‘대한민국 국민으로서 세금을 내는 것은 당연한 일이다.’, ‘쌀로써 떡을 만든다.’ 처럼요. ‘–로써’는 ‘–를 이용해’나 ‘–를 써서’로 바꾸어 써도 뜻이 통한답니다. ‘쌀을 이용해 떡을 만든다.’ 처럼요. 헷갈리는 낱말을 잘 구분해 보아요.

1 문장에 알맞게 (　　) 안의 알맞은 말에 ○표 하시오.

(1) (말로서 / 말로써) 천 냥 빚을 갚는다고 한다.

(2) 동생은 우리 학교 (대표로서 / 대표로써) 달리기 대회에 출전하였다.

2 다음 문장에 알맞게 빈칸에 ‘로서’나 ‘로써’를 써넣으시오.

(1) 이 샐러드는 신선한 야채[　　　] 만들어졌다.

(2) 숙제는 학생으[　　　] 내가 꼭 해야 할 일이다.

(3) 정민이와 나의 다툼은 사소한 말 한 마디[　　　] 시작되었다.

생물 | 화학 | 물리 | 지구과학

과학 독감 예방 주사를 맞아도 감기에 걸리는 이유는?

배경지식의 힘

QR을 찍어 동영상을 보고
독감에 대해 알아봅시다.

독감 | # 바이러스 # 겨울철 # 건강_조심

동영상을 보고 알맞은 것에 ✓ 하세요.

▶ 정답 14쪽

1 독감에 걸려 기침을 할 때 침과 함께 나오는 것은 무엇인가요?

㉠ 세포 ☐
㉡ 바이러스 ☐

2 바이러스에 대한 설명으로 알맞은 것은 어느 것인가요?

㉠ 생물이라서 스스로 생활할 수 있다. ☐
㉡ 살아 있는 동물과 식물 세포에 기생한다. ☐

3 독감은 어떻게 걸리나요?

㉠ 독감에 걸린 사람의 땀에 있는 바이러스를 통해서 옮는다. ☐
㉡ 독감에 걸린 사람이 기침할 때 나오는 바이러스를 통해서 옮는다. ☐

4 독감을 예방하는 방법으로 알맞은 것은 어느 것인가요?

㉠ 마스크를 착용한다. ☐
㉡ 음식을 잘 익혀서 먹는다. ☐

생물 | 화학 | 물리 | 지구과학

독감 예방 주사를 맞아도 감기에 걸리는 이유는?

키워드		쉬움	보통	어려움
• 감기 • 독감	제재			
	어휘			
	문장			

살면서 한 번쯤 걸려 봤을 감기. 감기가 심해지면 독감이라고 생각하는 사람들도 있습니다. '독한 감기'가 '독감'일까요? 독감 예방 주사를 맞았는데도 감기에 걸리는 이유는 무엇일까요?

㉠ 감기와 독감은 모두 바이러스에 의해 생기지만 병을 일으키는 바이러스의 종류가 전혀 다릅니다. 감기는 200여 개가 넘는 종류의 바이러스에 의해 생깁니다. 그렇기 때문에 그에 맞는 예방 백신을 만들 수 없습니다. 독감은 인플루엔자 바이러스에 의해 생기는데, 예방 백신이 만들어져 60~90% 정도 예방이 가능합니다. 이렇게 원인 바이러스가 서로 다르기 때문에 독감 백신을 맞아도 감기는 걸릴 수 있는 것입니다.

감기는 계절에 상관없이 **면역력**이 떨어지면 걸리게 됩니다. 기침, 콧물 등의 증상이 있지만 고열은 드물고 특별한 치료 없이 저절로 회복이 가능한 경우가 많습니다. 독감은 주로 11월~2월 사이에 유행하는데 독감 환자가 기침이나 말을 할 때 침이 공기 중으로 나와 **타인**의 입과 코에 닿아 감염됩니다. 기침, 콧물과 같은 증상 외에 고열, 근육통 등의 전신 증상이 심합니다. 독감의 경우에는 증상을 **방치**하면 **치명적**인 **합병증**이 동반될 수 있습니다.

감기는 충분한 휴식 상태에서 2주일 정도 지나면 자연적으로 낫는 경우가 대부분입니다. 따라서 증상이 아주 심하지 않다면, 물을 충분히 마시고 영양소를 섭취하며 몸을 따뜻하게 하여 면역력을 높여 주는 것이 좋습니다. 증세에 따라 적절한 약을 복용하는 것도 좋습니다. 독감은 자연 면역력만으로 낫기 어려워 항바이러스제를 사용해 치료해야 합니다.

감기와 독감은 서로 다른 질병이지만 손을 잘 씻기, 사람 많은 장소는 피하기, 규칙적인 생활을 유지하고 영양분 고루 섭취하기, 마스크 착용하기 등의 건강 **수칙**을 지키면 예방할 수 있습니다. 독감의 경우 미리 예방 접종을 받는 것이 좋습니다.

올바른 생활 습관과 예방 접종으로 감기와 독감을 미리 예방하고 건강한 생활을 해야 하겠습니다.

어휘 풀이

- **면역력**: 외부에서 들어온 병원균에 저항하는 힘.
- 타인: 다른 사람.
- **방치**: 내버려 둠.
- **치명적**: 생명을 위협하는.
- **합병증**: 어떤 질병에 곁들여 일어나는 다른 질병.
- **수칙**: 행동이나 절차에 관하여 지켜야 할 사항을 정한 규칙.

타인의 한자

다를 **타** 사람 **인**

예 타인의 의견을 이해하고 존중할 줄 알아야 한다.

설명하는 대상 파악하기

1 ㉠은 무엇에 대하여 설명하는 내용입니까? ( )

① 감기와 독감의 원인
② 감기와 독감의 증상
③ 감기와 독감의 검사 방법
④ 감기와 독감의 치료 방법
⑤ 감기와 독감에 걸리는 시기

두 대상의 차이점 알기

2 감기와 독감의 차이점을 알맞게 말하지 못한 것은 어느 것입니까? ( )

① 감기는 예방 백신이 만들어져 있고 독감은 예방 백신이 없다.
② 감기는 자연적으로 낫는 경우가 많지만 독감은 약을 먹어야 한다.
③ 감기는 계절에 상관없이 걸리고 독감은 주로 11월~2월 사이에 걸린다.
④ 감기는 여러 종류의 바이러스에 의해 생기고 독감은 인플루엔자 바이러스에 의해 생긴다.
⑤ 감기는 기침, 콧물 등의 증상이 나타나고 독감은 그 외에도 고열, 근육통 등의 증상이 나타난다.

독감이 유행하기 전에 미리 예방 접종을 받는 것이 좋다고 했어.

글의 짜임에 알맞은 틀 정리하기

3 감기와 독감에 대하여 다음과 같은 틀에 정리할 때 ㉮에 들어갈 내용으로 알맞은 것에 ○표 하시오.

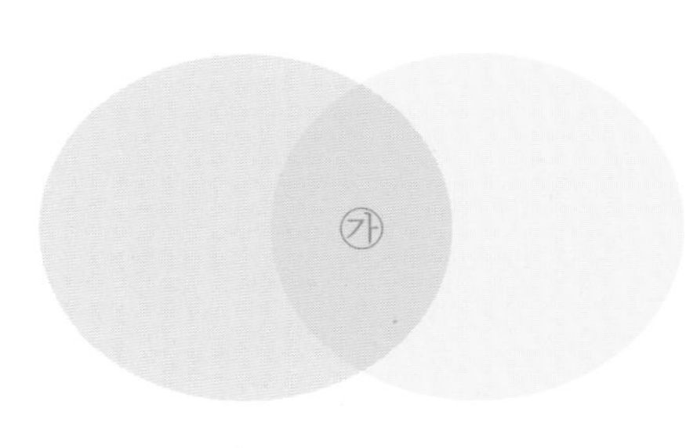

(1) 올바른 생활 습관으로 예방할 수 있다. ( )
(2) 항바이러스제를 사용해 치료해야 한다. ( )
(3) 방치하면 치명적인 합병증이 동반될 수 있다. ( )

문해력 tip 비교·대조 짜임의 틀

대상 1 | 공통점 | 대상 2
차이점

핵심 정보 파악

4 독감 예방 주사를 맞았는데도 감기에 걸리는 이유는 무엇입니까? ( )

① 사람마다 면역력이 다르기 때문이다.
② 감기와 독감의 원인 바이러스가 서로 다르기 때문이다.
③ 독감 예방 주사는 두 번에 걸쳐서 맞아야 하기 때문이다.
④ 나이가 많아질수록 예방 주사의 효과가 떨어지기 때문이다.
⑤ 한 번 감기에 걸린 후에는 예방 주사 효과가 없어지기 때문이다.

5 다음이 감기에 대한 설명이면 '감기', 독감에 대한 설명이면 '독감'을 쓰시오.

(1) 항바이러스제를 사용해 치료해야 한다. ( )
(2) 계절에 상관없이 면역력이 떨어지면 걸린다. ( )
(3) 예방 백신이 만들어져 60~90% 정도 예방이 가능하다. ( )
(4) 200여 개가 넘는 종류의 바이러스에 의해 걸린다. ( )

글을 읽고 생각이나 느낌 말하기

6 이 글을 읽고 알맞게 말하지 못한 사람의 이름을 쓰시오.

영우: 감기가 심해지면 독감이 된다고 하니 감기에 걸리지 않도록 조심해야겠어.
기찬: 건강하게 겨울을 나기 위해서 독감이 유행하기 시작하는 11월이 되기 전에 미리 예방 주사를 맞아야겠어.
시현: 평소에 올바른 생활 습관을 들이는 것이 감기와 독감을 예방할 수 있는 가장 기본적인 방법이라고 생각해.

( )

▶ 정답 14쪽

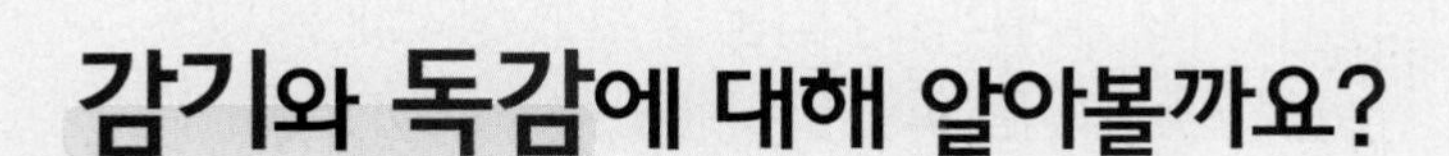

감기와 독감에 대해 알아볼까요?

» 감기와 독감에 대해 설명하는 글을 읽어 보았습니다. 빈칸에 들어갈 말을 [보기]에서 찾아 써넣으며 글 내용을 정리해 봅시다.

보기

1년	봄	예방	인플루엔자
겨울	영양제	소화제	항바이러스제

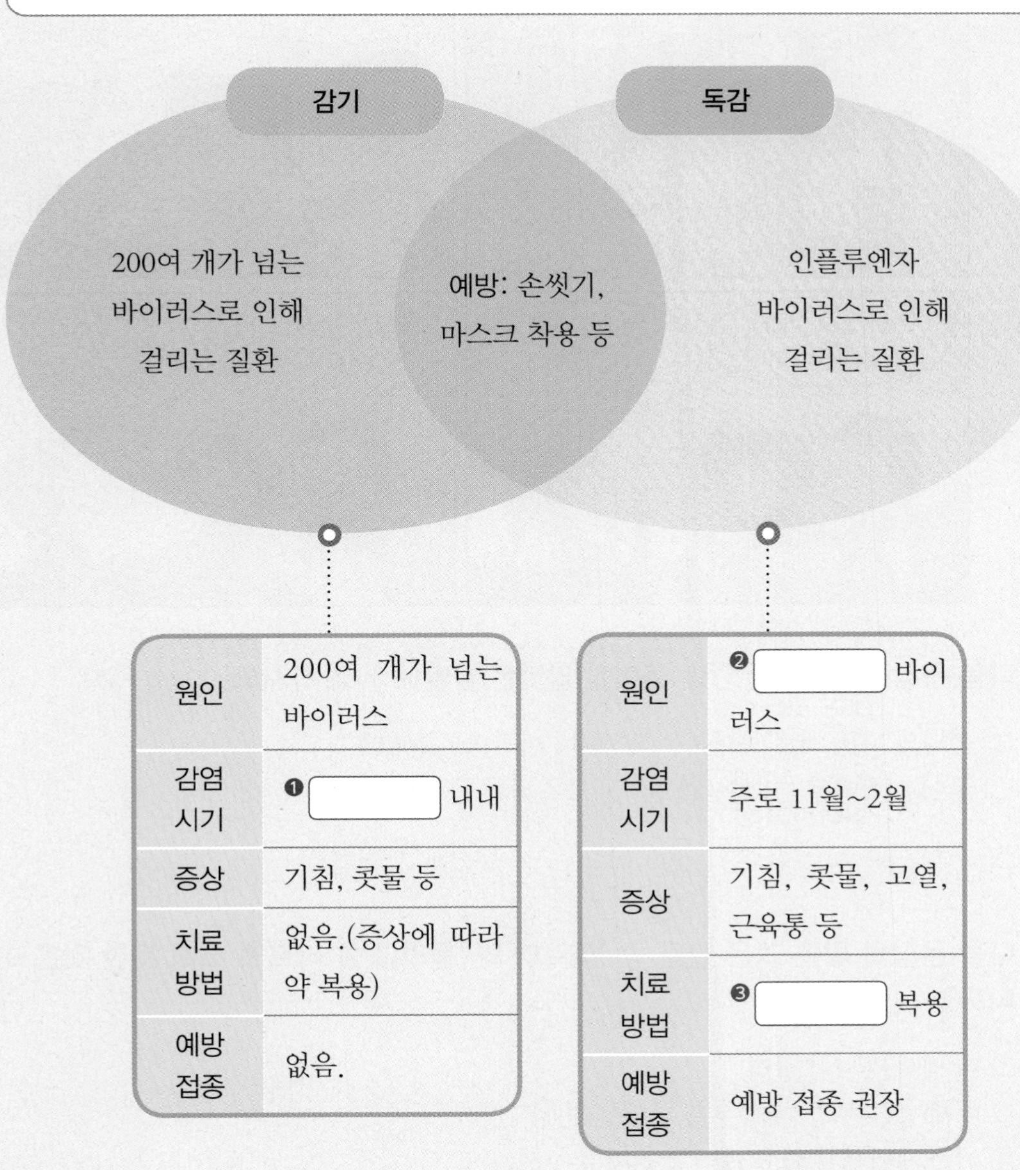

감기

원인	200여 개가 넘는 바이러스
감염 시기	❶ (　　　　) 내내
증상	기침, 콧물 등
치료 방법	없음.(증상에 따라 약 복용)
예방 접종	없음.

독감

원인	❷ (　　　　) 바이러스
감염 시기	주로 11월~2월
증상	기침, 콧물, 고열, 근육통 등
치료 방법	❸ (　　　　) 복용
예방 접종	예방 접종 권장

'다르다'와 '틀리다'

▶ 정답 14쪽

감기와 독감은 서로 다를까요, 틀릴까요? 다음을 보고 생각해 봅시다.

다르다

비교가 되는 두 대상이 서로 같지 않다.

반대말 같다

예 엄마랑 아빠의 성격은 서로 많이 다르다.

틀리다

사실이나 답, 셈이 맞지 않거나 옳지 않다.

반대말 맞다

예 국어 시험에서 세 문제나 틀리다.

1 다음 문장에서 (　　) 안에 들어갈 알맞은 낱말에 ○표 하시오.

(1) 언니와 나는 서로 좋아하는 과일이 (다르다 / 틀리다).
(2) 국어 시험에서 (다른 / 틀린) 문제를 다시 풀어 보았다.

2 다음 문장의 밑줄 그은 낱말 중 '다르다'와 '틀리다'를 바르게 쓰지 못한 것은 어느 것입니까? (　　)

① 내 생각은 너와 달라.
② 어제 입은 옷과 다른 옷을 입었구나.
③ 이번 시험에서 답이 많이 틀려서 속상하다.
④ 친구와 내 생각이 서로 틀려서 많이 힘들었다.
⑤ 문방구 아저씨께서 계산을 틀리게 하셔서 거스름돈을 적게 주셨다.

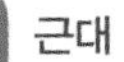

한국사 임오군란과 갑신정변

QR을 찍어 동영상을 보고
갑신정변에 대해 알아봅시다.

갑신정변, 그날의 사람들 그리고 선택

조선 | # 갑신정변 # 개화파 # 우정총국 # 삼일천하

동영상을 보고 알맞은 것에 ✓ 하세요.

▶ 정답 15쪽

1 갑신정변은 누가 조선의 독립과 근대화를 위해 일으킨 정변인가요?

㉠ 개화파 ☐
㉡ 수구파 ☐

2 갑신정변에 대한 설명으로 알맞은 것은 어느 것인가요?

㉠ 위로부터의 개혁이다. ☐
㉡ 아래로부터의 개혁이다. ☐

3 갑신정변의 총책임자는 누구인가요?

㉠ 김옥균 ☐ ㉡ 박영효 ☐
㉢ 홍영식 ☐ ㉣ 서재필 ☐

4 갑신정변이 실패한 후 조선에 남은 사람은 누구인가요?

㉠ 김옥균 ☐ ㉡ 박영효 ☐
㉢ 홍영식 ☐ ㉣ 서재필 ☐

임오군란과 갑신정변

키워드	난이도	쉬움 · 보통 · 어려움
• 임오군란 • 갑신정변	제재 어휘 문장	

나라의 문을 닫고 있던 조선은 일본과 불평등 조약인 '강화도 조약'을 맺은 것을 시작으로 서양 여러 나라와 조약을 맺고 새로운 문화를 받아들였어요. 고종은 나라의 틀을 새롭게 고쳐 나갔지요.

먼저 군사 제도를 바꿔 신식 군대인 '별기군'을 따로 두었어요. 별기군의 군인들은 좋은 군복과 서양식 무기 등 특별 대접을 받았고, 급여도 더 많이 받았어요. 하지만 구식 군대의 군인들은 1년이 넘도록 급여를 받지 못해 불만이 쌓이고 있었지요. 정부는 이들의 불만을 **무마하기** 위해 밀린 급여의 일부를 쌀로 지급했는데, 부패한 관리들의 **횡포**로 쌀에 모래와 곡식의 껍질이 섞여 있었어요. 그러자 화가 난 구식 군대의 군인들이 **난**을 일으켰는데 이를 1882년 임오년에 일어났다고 하여 '임오군란'이라고 해요. 일이 커지자 고종은 흥선 대원군을 정치에 복귀시키려 했고, 이를 못마땅하게 여긴 명성 황후는 청나라에게 군대를 보내 달라고 했어요. 청나라 군대가 난을 진압해 임오군란은 실패로 끝났고, 조선은 이를 계기로 청의 간섭을 받아야 했어요.

청나라의 간섭이 심해지자 급진 개화파는 1884년 갑신년에 조선 최초의 우체국인 우정총국의 개국 축하 행사에서 일본의 도움을 받아 **정변**을 일으키기로 했어요. 축하 행사가 한창일 때 어디선가 불길이 솟아올랐고 급진 개화파는 순식간에 궁궐을 장악했어요. 그리고 미리 준비해 둔 14개 조항의 개혁 내용을 널리 알렸지요. 청나라에 의존하지 않고 자주적인 나라를 만들고, 부정한 관리를 처벌하며 신분 제도를 없애고 능력에 따라 관리를 임명한다는 등의 내용이 담겨 있었어요. 이 사건이 '갑신정변'이에요. 하지만 3일째 되는 날, 명성 황후의 요청을 받은 청나라군이 궁궐로 들이닥치자 일본군은 급진 개화파와의 약속을 어기고 달아났어요. 이렇게 해서 갑신정변은 삼일천하로 끝나고 말았지요. 임오군란에 이어 갑신정변에서도 청나라의 힘을 빌린 조선은 그 뒤로 더 심하게 청나라의 간섭을 받게 되었어요.

갑신정변은 백성의 지지를 얻지 못하고 일본의 힘을 빌렸기 때문에 실패했어요. 하지만 자주적인 근대 국가 수립을 위한 최초의 근대화 운동이었다는 것과 그 내용이 **탐관오리**의 처벌이나 신분 제도 폐지 등 일반 백성들의 입장을 반영한 것이었다는 점에서 큰 의미가 있어요.

어휘 풀이

- **무마하기**: 타이르고 얼러서 마음을 달래기.
- **횡포**: 제멋대로 굴며 몹시 난폭함.
- **난**: 전쟁이나 싸움질하는 난리.
- **정변**: 반란, 혁명, 쿠데타 등으로 정권의 변동이 생기는 것.
- **탐관오리**: 백성의 재물을 탐내어 빼앗는, 행실이 깨끗하지 못한 관리.

정변의 한자

정사 **정** 변할 **변**

예 몇 차례의 정변을 거치고 나라는 혼란스러웠다.

일이 일어난 순서 파악하기

1 **다음을 일이 일어난 순서대로 번호를 쓰시오.**

(1) 부당한 대우를 받던 구식 군대의 군인들이 난을 일으켰다. ( )

(2) 조선이 강화도 조약 이후 다른 나라의 새로운 문화를 받아들였다. ( )

(3) 급진 개화파가 일본의 힘을 빌려 우정총국 개국 축하 잔치에서 정변을 일으켰다. ( )

강화도 조약은 1876년에 조선과 일본 사이에 체결한 조약으로 군사력을 앞세운 일본의 강압에 따라 체결된 불평등 조약이에요.

4일
3주

원인과 결과 파악하기

2 **다음 사건이 원인이 되어 일어난 결과는 무엇입니까?** ( )

1년이 넘도록 급여를 받지 못하던 구식 군대에게 지급된 쌀에 모래와 곡식의 껍질이 섞여 있었다.

① 임오군란이 일어났다.
② 갑신정변이 일어났다.
③ 강화도 조약을 맺게 되었다.
④ 명성 황후가 청나라로 잡혀갔다.
⑤ 조선이 새로운 문화를 받아들이게 되었다.

3 **이 글의 내용을 원인과 결과로 정리할 때 ㉠에 들어갈 내용으로 알맞은 것에 ○표 하시오.**

원인	임오군란이 일어나자 청나라의 도움으로 난을 진압하였다.	
결과	㉠	원인
	급진 개화파가 갑신정변을 일으켰다.	결과

어떤 일의 결과는 다른 일의 원인이 되기도 해요.

(1) 청나라의 간섭이 심해졌다. ( )

(2) 고종이 흥선 대원군을 정치에 복귀시키려고 하였다. ( )

(3) 군사 제도를 바꾸어 신식 군대인 '별기군'을 따로 두었다. ( )

핵심 정보 파악

4 다음에서 설명하는 역사적 사건은 무엇인지 알맞게 이으시오.

(1) 임오군란 • • ㉠ 급진 개화파가 우정총국의 개국 축하 잔치를 틈타 정변을 일으켰다.

(2) 갑신정변 • • ㉡ 신식 군대와 차별받고 부당한 대우를 받던 구식 군대의 군인들이 난을 일으켰다.

5 갑신정변의 결과로 알맞은 것의 기호를 쓰시오.

㉠ 3일 만에 청나라군의 개입으로 끝나고 말았다.
㉡ 청나라 군대가 물러나고 자주적인 나라를 만들 수 있었다.
㉢ 급진 개화파의 개혁이 성공하여 신분 제도가 폐지되었다.

( )

6 다음은 갑신정변 개혁안의 일부입니다. 갑신정변의 의의로 알맞은 것에 ○표 하시오.

- 청에 대한 조공 허례를 폐지한다.
- 문벌을 폐지하고, 백성들이 평등한 권리를 갖는 제도를 마련하며, 능력에 따라 관리를 임명한다.
- 세금 제도를 고쳐 관리의 부정을 막고 국가의 살림살이를 튼튼히 한다.
- 부정한 관리를 처벌하고, 백성들이 빚진 쌀을 면제한다.

▲ 갑신정변이 일어난 우정총국의 과거 모습

(1) 최초로 다른 나라와 외교 관계를 맺게 된 사건이다. ( )
(2) 왕권을 강화시킬 수 있는 체계를 수립하게 된 사건이다. ( )
(3) 자주적인 근대 국가 수립을 위한 최초의 근대화 운동이다. ( )

독해의 힘 내용 구조화

▶ 정답 15쪽

임오군란과 갑신정변을 정리해 볼까요?

>> 임오군란과 갑신정변에 대해 설명하는 글을 읽어 보았습니다. 빈칸에 들어갈 말을 [보기]에서 찾아 써넣으며 글 내용을 정리해 봅시다.

보기

임오군란	강화도 조약	삼	오
급진 개화파	온건 개화파	청나라	별기군

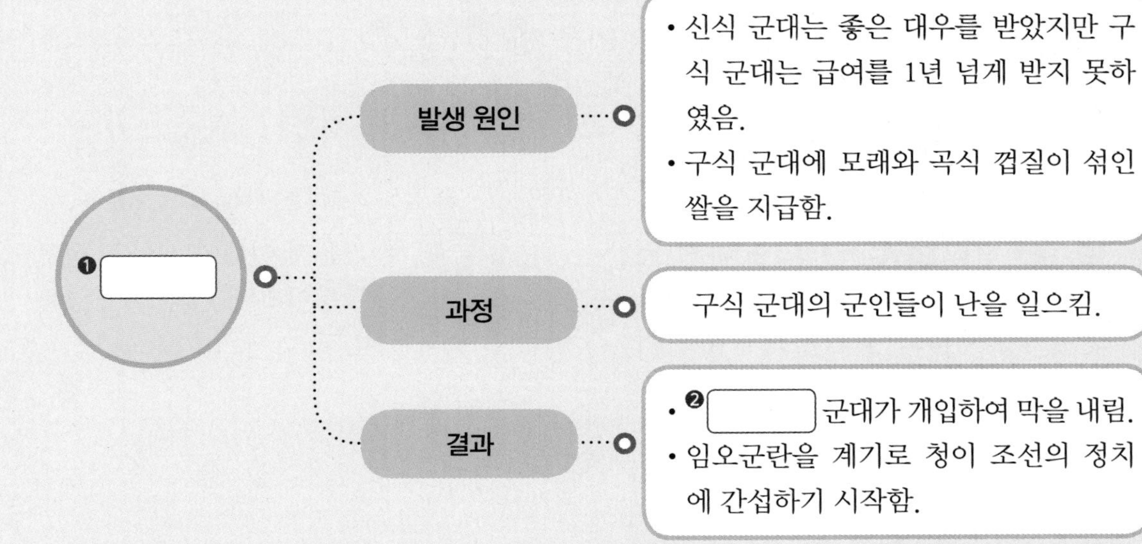

갑신정변

- **발생 원인**: 임오군란 이후 청의 간섭이 심해지자 조선의 빠른 근대화를 원하던 사람들은 뜻을 펴기가 어려워짐.
- **과정**: ❸ (   )가 일본의 힘을 빌려 우정총국 개국 축하 잔치에서 정변을 일으킴.
- **결과**:
  - 청나라군의 반격을 받게 되자 일본군이 도망감.
  - ❹ (   ) 일 만에 실패로 끝남.
  - 갑신정변의 실패로 청의 간섭이 더욱 심해짐.

4일 3주

어휘의 힘

숫자가 들어간 사자성어

▶ 정답 15쪽

갑신정변은 삼일천하로 끝났어요. 삼일천하와 같이 숫자가 들어간 사자성어를 더 알아봅시다.

삼일천하

三 日 天 下

석 **삼** 날 **일** 하늘 **천** 아래 **하**

뜻 삼 일 동안 천하를 차지한다는 뜻으로, 아주 짧은 기간 동안 정권을 잡았다가 쫓겨났을 때를 비유해서 이르는 말.

일구이언

一 口 二 言

한 **일** 입 **구** 두 **이** 말씀 **언**

뜻 한 입으로 두 말을 한다는 뜻으로, 한 가지 일에 대하여 말을 이랬다저랬다 함을 이르는 말.

칠전팔기

七 顚 八 起

일곱 **칠** 엎드러질 **전** 여덟 **팔** 일어날 **기**

뜻 일곱 번 넘어지고 여덟 번 일어난다는 뜻으로, 여러 번 실패하여도 굴하지 아니하고 꾸준히 노력함을 이르는 말.

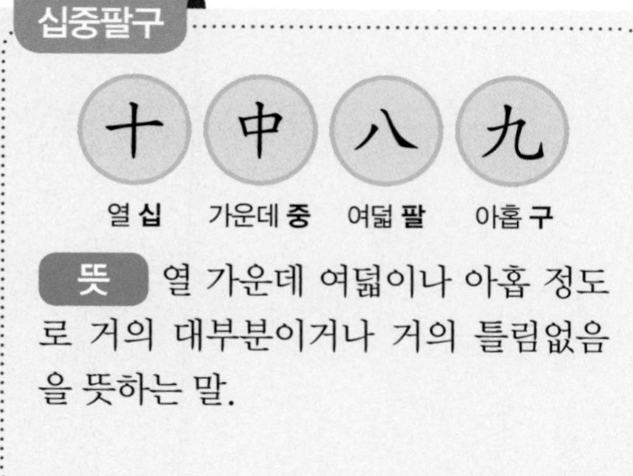

십중팔구

十 中 八 九

열 **십** 가운데 **중** 여덟 **팔** 아홉 **구**

뜻 열 가운데 여덟이나 아홉 정도로 거의 대부분이거나 거의 틀림없음을 뜻하는 말.

1 다음 빈칸에 들어갈 사자성어를 [보기]에서 골라 써넣으시오.

보기

삼일천하 일구이언 칠전팔기 십중팔구

(1) 진성이는 ☐☐☐☐ 을 밥 먹듯이 해서 친구들은 진성이를 믿지 않는다.

(2) 아마 이번 대회도 ☐☐☐☐ 우리 학교가 우승할 것이다.

(3) 이 선수는 여러 번 넘어졌지만 ☐☐☐☐ 의 정신으로 버텨 결국 승리를 거두었다.

사회 나라의 살림꾼 행정부

배경지식의 힘

QR을 찍어 동영상을 보고
대통령 선거에 대해 알아봅시다.

정치 | # 대통령 # 선거 # 직접_선거 # 간접_선거

동영상을 보고 알맞은 것에 ✓ 하세요.

▶ 정답 16쪽

1 우리나라 대통령 선거에 대한 설명으로 알맞은 것은 어느 것인가요?

㉠ 모두 직접 선거로 선출되었다. ☐
㉡ 대통령 선거 방법이 계속 바뀌었다. ☐

2 우리나라에서 처음 대통령 선거가 이루어진 것은 언제인가요?

㉠ 1948년 ☐ ㉡ 1952년 ☐
㉢ 1960년 ☐ ㉣ 1963년 ☐

3 우리나라 초대 대통령을 뽑은 방법은 무엇인가요?

㉠ 간접 선거 ☐
㉡ 직접 선거 ☐

4 현재 우리나라 대통령을 뽑는 방법은 무엇인가요?

㉠ 간접 선거 ☐
㉡ 직접 선거 ☐

나라의 살림꾼 행정부

키워드		쉬움 보통 어려움
• 행정부	제재 / 어휘 / 문장	

행정부는 국회에서 정한 법에 따라 나라를 다스리는 곳이에요. 국민들의 생명과 재산을 보호하고 사회 질서를 유지하기 위해 힘써요. 교통 시설이나 댐을 만들기도 하지요. 이런 일들을 하는 데 쓰기 위한 세금을 걷는 일도 맡아 해요. 국민을 위해 일하는 **살림꾼**인 행정부를 줄여서 '정부'라고 부르기도 한답니다. 행정부는 대통령, 국무총리, 그리고 장관 등으로 이루어져 있어요.

대통령은 정부의 최고 책임자이면서 우리나라를 대표해요. 국민이 직접 선거에 참여하여 대통령을 뽑지요. 대통령은 5년 동안 일을 하며 행정부를 **통솔하여** 국가의 중요한 일을 결정하고, 국회의 동의를 얻어 국무총리와 대법원장 등을 **임명할** 수 있어요. 국군 최고 지도자로서 국군을 지휘하며, 우리나라를 대표하여 다른 나라 대표를 만나고 외국과 조약을 체결해요.

국무총리는 대통령 다음으로 높은 사람이에요. 국무총리는 대통령이 국회의 동의를 받아서 임명하는데, 대통령을 **보좌하고** 대통령의 지시를 받아 행정부 전체를 이끌어 나가요. 대통령이 외국에 나가거나 무슨 일이 생겨 나랏일을 하기 어려울 때 대통령을 대신해 일하지요.

각 부에서는 그 분야의 전문가들이 모여서 나랏일을 처리해요. 교육부, 법무부, 외교부, 국방부 등 여러 부서가 일을 나누어 맡고 있지요. 각 부에는 최고 **책임자**인 장관, 그다음으로 차관, 일을 맡아 하는 공무원들이 있어요. 그리고 각 부에는 부의 일을 도와주는 전문 기관인 '청'을 두어요. 청은 각각 소속된 부의 일을 도와요. 예를 들면, '산림청'은 농림 축산 식품부를, '병무청'은 국방부를, '문화재청'은 문화 체육 관광부의 일을 돕지요.

오늘날 사회가 복잡해지면서 행정부가 할 일이 점점 많아지고 있어요. 그렇기 때문에 행정부 조직은 대통령이 바뀔 때마다 조금씩 바뀌기도 해요. 우리도 정치에 관심을 가지고 행정부가 국민들을 위하여 법에 따라 여러 가지 일을 제대로 계획하고 실천하는지 지켜보도록 해요.

어휘 풀이

- 살림꾼: 살림을 도맡아서 하는 사람.
- **통솔하여**: 무리를 거느려 다스려.
- **임명할**: 일정한 지위나 임무를 남에게 맡길.
- **보좌하고**: 자기보다 더 높은 자리에 있는 사람을 도와 일을 처리하고.
- **책임자**: 어떤 일에 대하여 책임을 지고 있거나 책임을 져야 할 위치에 있는 사람.

○ 살림꾼의 낱말의 짜임

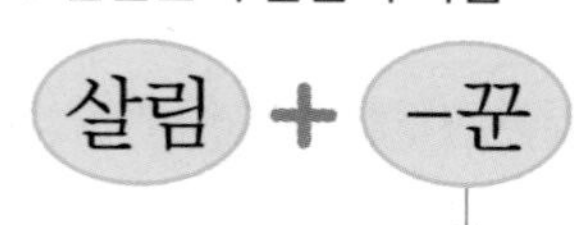

'어떤 일을 전문적으로 하는 사람' 또는 '어떤 일을 잘하는 사람'의 뜻을 더하는 접미사.
예 춤꾼, 나무꾼, 심부름꾼

설명하는 대상 파악하기

1 **이 글은 무엇에 대하여 설명하는 글입니까?** ( )

① 행정부의 구성
② 행정부의 역사
③ 행정부의 위치
④ 행정부를 감시하는 기관
⑤ 행정부라는 이름이 붙은 까닭

글의 짜임에 알맞은 틀 알기

2 **이 글의 전체 짜임을 생각하며 내용을 정리할 때 알맞은 틀은 어느 것입니까?** ( )

① 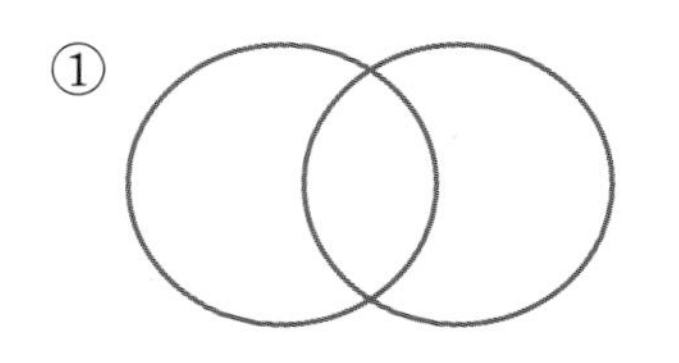

② 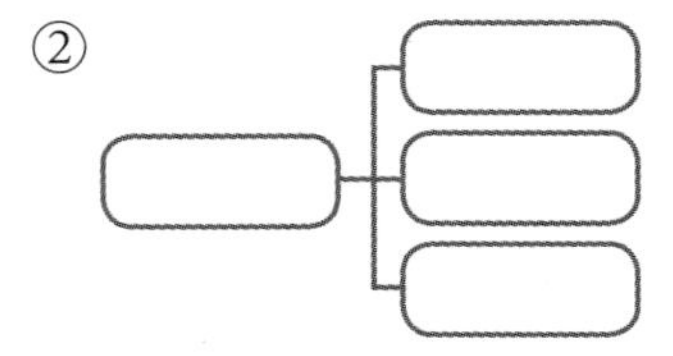

③ 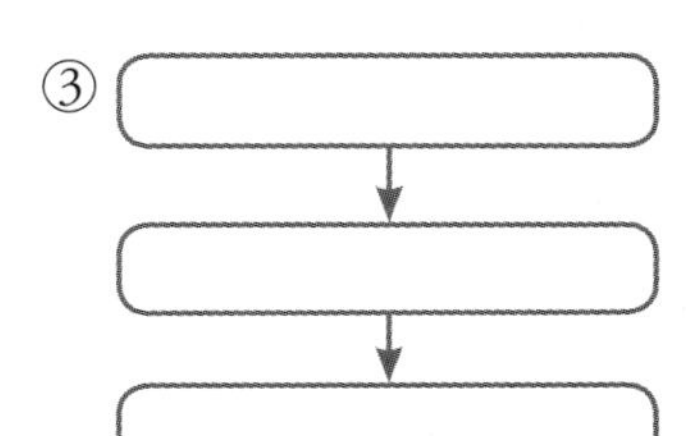

④ 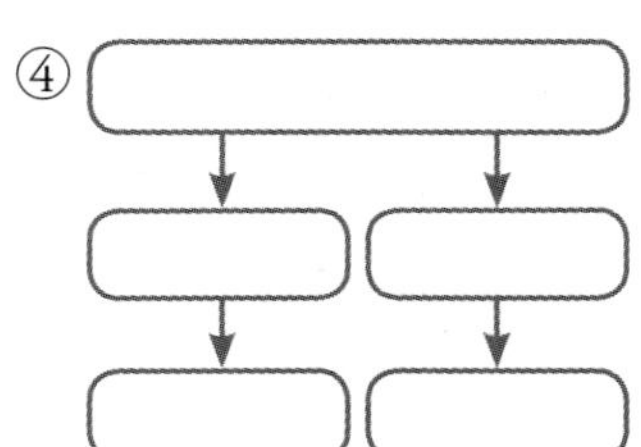

각 부분을 나누어 설명하는 글을 정리하기에 알맞은 틀을 생각해 보아요.

글의 짜임에 알맞게 읽는 방법 알기

3 **이 글을 읽는 방법을 가장 알맞게 말한 사람은 누구인지 이름을 쓰시오.**

다은: 행정부, 입법부, 사법부의 공통점과 차이점을 생각하며 읽는 것이 좋아.
민하: 행정부를 작은 부분으로 나누어 각 부분의 특성을 생각하며 읽는 것이 좋아.
영민: 행정부의 각 부를 나눈 원인과 그 결과를 정리하며 읽는 것이 좋아.

( )

문해력 tip **분석과 분류**

분석은 어떤 대상의 전체를 이루는 부분을 작게 분해하여 설명하는 것이고, 분류는 어떤 기준에 따라 여러 대상을 묶어서 설명하는 방식입니다.

핵심 정보 파악

4 행정부에서 하는 일로 알맞지 않은 것은 무엇입니까? ( )

① 국민들로부터 세금을 걷는다.
② 전기 공급을 위해 댐을 만든다.
③ 국회 의원들이 모여 법을 만든다.
④ 나라의 발전을 위해 교통 시설을 만든다.
⑤ 국민들을 보호하기 위해 군사력을 기른다.

5 다음 중 행정부에서 일하는 사람이 아닌 사람은 누구입니까? ( )

① 판사 ② 대통령 ③ 국무총리
④ 교육부 장관 ⑤ 법무부 장관

6 다음 대통령에 대한 설명에서 잘못된 것을 찾아 기호를 쓰시오.

대통령은 ㉠ 외국에 대해 우리나라를 대표하며, ㉡ 정부의 최고 책임자로 나라의 중요한 일을 결정한다. 현재 우리나라 대통령은 ㉢ 5년마다 ㉣ 국회 의원이 선출한다.

( )

7 행정부를 구성하는 사람들 중 다음에서 설명하는 일을 하는 사람은 누구인지 쓰시오.

- 대통령을 도와 행정부를 관리한다.
- 대통령이 외국을 방문하거나 특별한 이유로 일하지 못하면 대통령의 임무를 대신한다.

( )

▶ 정답 16쪽

행정부에 대해 정리해 볼까요?

>> 행정부에 대해 설명하는 글을 읽어 보았습니다. 빈칸에 들어갈 말을 [보기]에서 찾아 써 넣으며 글 내용을 정리해 봅시다.

보기

입법부	감사원	판사	검사
행정부	대통령	국회	공무원
사법부	국무총리	장관	국민

행정부의 구성

대통령
- 행정부의 최고 책임자로 우리나라를 대표함.
- 국가의 중요한 일을 결정함.
- ❶ 의 동의를 얻어 국무총리와 대법원장 등을 임명함.
- 국군 최고 지도자이며 우리나라 대표로 외국과 조약을 체결함.

❷ 
- 대통령을 보좌함.
- 대통령이 나랏일을 하기 어려울 때 대통령을 대신해 일함.

각 부
- 여러 부서로 나뉘어 전문가들이 모여 나랏일을 함.
- 각 부에는 ❸ (　　　), 차관, 공무원이 있음.
- 각 부의 일을 돕는 청이 있음.

사이시옷이 들어가는 낱말

▶ 정답 16쪽

나라에 관한 일을 뜻하는 '나랏일'은 '나라'와 '일'을 합쳐 만든 낱말로, 이때 낱말 사이에 들어가는 'ㅅ'을 '사이시옷'이라고 해요. 사이시옷이 들어간 낱말을 더 살펴봅시다.

경우	예 1	예 2
뒷말의 첫소리가 된소리로 나는 경우	 나무 + 가지 ➡ [나무까지/나묻까지] ➡ 나뭇가지	 차 + 잔 ➡ [차짠/찯짠] ➡ 찻잔
뒷말의 첫소리 'ㄴ, ㅁ' 앞에서 'ㄴ' 소리가 덧나는 경우	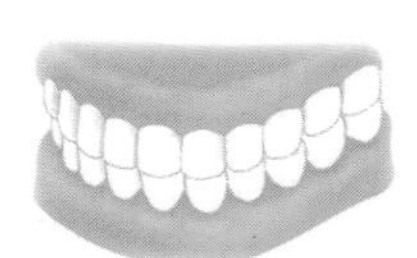 이 + 몸 ➡ [인몸] ➡ 잇몸	 비 + 물 ➡ [빈물] ➡ 빗물
뒷말의 첫소리 모음 앞에서 'ㄴㄴ' 소리가 덧나는 경우	 나무 + 잎 ➡ [나문닙] ➡ 나뭇잎	 베개 + 잇 ➡ [베갠닏] ➡ 베갯잇 (베개의 겉을 덧씌워 꿰맨 헝겊)

1 다음 중 사이시옷이 들어간 낱말이 <u>아닌</u> 것은 어느 것입니까? ( )

① 잇몸 ② 찻잔 ③ 옷걸이
④ 나뭇잎 ⑤ 나뭇가지

2 다음 사이시옷이 들어간 낱말을 바르게 발음하지 <u>못한</u> 것은 어느 것입니까? ( )

① 찻잔[차짠] ② 빗물[빈물] ③ 잇몸[인몸]
④ 베갯잇[베갠닏] ⑤ 나뭇가지[나문가지]

자료 읽기

문해력이 뛰어난 사람은 어떻게 읽을까?

문해력이 뛰어난 사람은 비판적으로 읽어요. 글에 쓰인 논거나 자료가 정확한지, 글의 내용과 자료의 내용이 부합하는지 적극적으로 따져 가며 읽어요. 자료를 읽기 위해서는 자료가 나타내는 의미를 파악할 수 있어야 해요. 표나 도식, 그래프를 읽는 방법에 대해 공부해요.

4주에 공부할 내용

문해력

비문학 독해

문해력 자료 읽기

이런 친구들을 위한 문해력 솔루션!

- 글에 표만 나오면 눈앞이 캄캄해지다.
- 표와 그래프를 왜 보아야 하는지 모른다.
- 표나 그래프를 보다가 글 내용을 잊어버리곤 한다.

표 읽기

수치나 근거 자료를 표나 그래프로 제시하는 글이 많아요. 표는 가로 항목과 세로 항목이 나타내는 것이 무엇인지 파악하는 것이 중요해요.

아래 시간표에서 가로로 이어지는 칸들은 '요일'을 나타내고 세로로 내려오는 칸들은 '차시'를 나타내지요.

가로 항목(요일) →

세로 항목(차시) ↓

	월	화	수	목	금
1교시	국어	수학	체육	사회	국어
2교시	과학	영어	㉠ 과학	미술	수학
3교시	음악	국어	국어	미술	㉡ 사회
4교시	체육	사회	수학	과학	과학

㉠은 〈2교시〉와 〈수요일〉이 만나고 ㉡은 〈3교시〉와 〈금요일〉이 만나요.

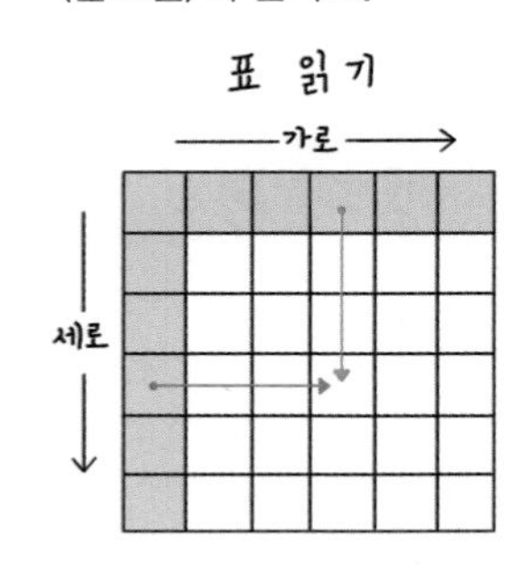

가로에 있는 항목과 세로에 있는 항목이 함께 만나는 곳에 있는 과목이 해당 요일과 차시에 하는 수업이에요. 이와 같이 세로 선과 가로 선을 이어 ㉠과 ㉡을 읽어 볼까요?

㉠은 '수요일 2교시에는 과학을 공부한다.'가 되겠네요.

㉡은 '금요일 3교시에는 사회를 공부한다.'는 뜻이에요.

날짜 →

끼니 ↓

	8일	9일	10일
아침	청국장	미역국	수프
점심	제육볶음	생선구이	해물찜
저녁	스파게티	피자	돈가스

어느 식당의 메뉴판이에요. 8일 아침에는 청국장이, 9일 점심에는 생선구이가, 10일 저녁에는 돈가스가 나오겠네요.

표는 가로와 세로 항목이 무엇을 나타내는지가 중요해요!

여러 가지 자료 읽기

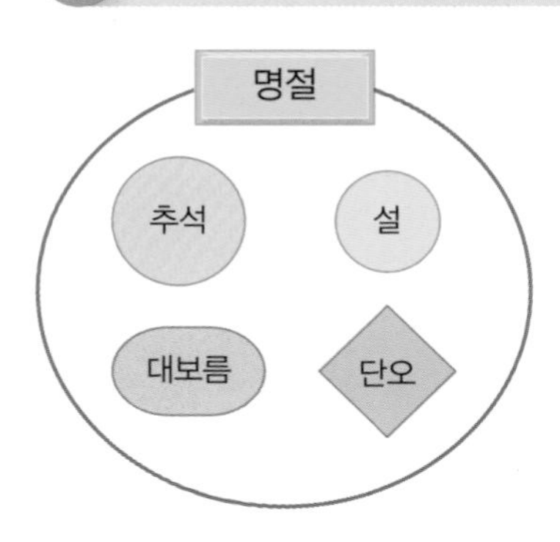

포함 관계표

이와 같은 도표는 해당 대상이 어떤 범위를 갖는지를 나타내요. 여러 가지 항목들이 모두 큰 동그라미 안에 포함된다는 의미예요. 이 자료를 읽어 볼까요? '명절에는 추석, 설, 대보름, 단오 따위가 있다.' 혹은 '추석, 설, 대보름, 단오는 모두 우리 명절이다.' 정도로 읽을 수 있어요.

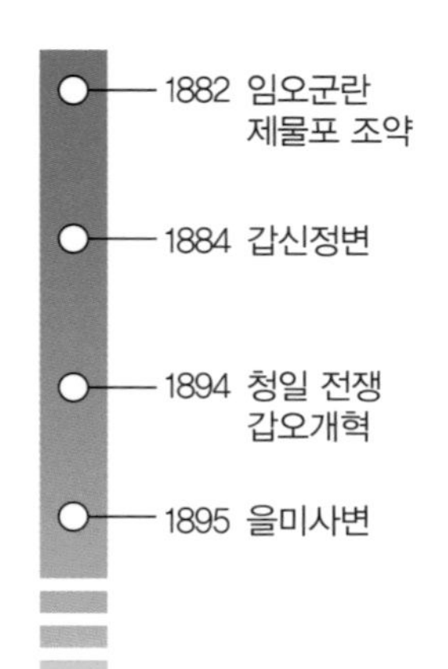

연대표

연도별로 일어난 일을 정리한 도표예요. 왼쪽의 세로선은 시간의 흐름을 나타내고 각 연도에 있었던 중요한 일을 연도에 맞춰 나타내었어요. 이러한 자료는 연대표라고 하는데 역사상 발생한 사건을 순서대로 알아볼 때 편리하게 쓰여요.

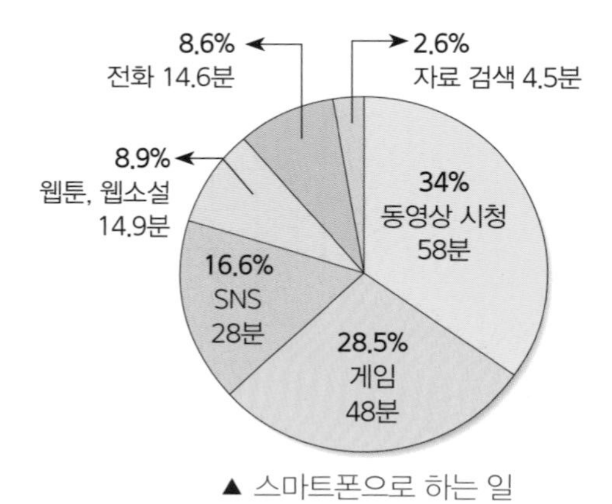

▲ 스마트폰으로 하는 일

비율 그래프(원그래프)

대상 전체를 100이라고 하였을 때, 대상의 각 부분이 100 중 어느 정도를 차지하는지 나타내는 그래프예요. 친구들이 스마트폰으로 가장 많이 하는 일은 동영상을 보는 일이라는 것을 알 수 있어요.

권/친구: 도현 25, 수현 20, 성희 12 (눈금 0, 10, 20, 30)

▲ 1학기 독서량

막대그래프

한 학기 동안 친구들이 읽은 책의 수를 막대 모양으로 나타내었어요. 도현이는 25권을 읽었고 수현이는 20권, 성희는 12권을 읽었대요. 이처럼 막대그래프는 여러 대상의 양이나 크기를 비교해 보면서 읽어요.

자료와 관련지어 글읽기

대부분의 **글은 자료를 제시하고 그 자료에 대한 내용도 함께 설명**해요. 따라서 글로 설명한 정보를 먼저 읽고 자료를 살피면 그 내용을 쉽게 파악할 수 있어요.

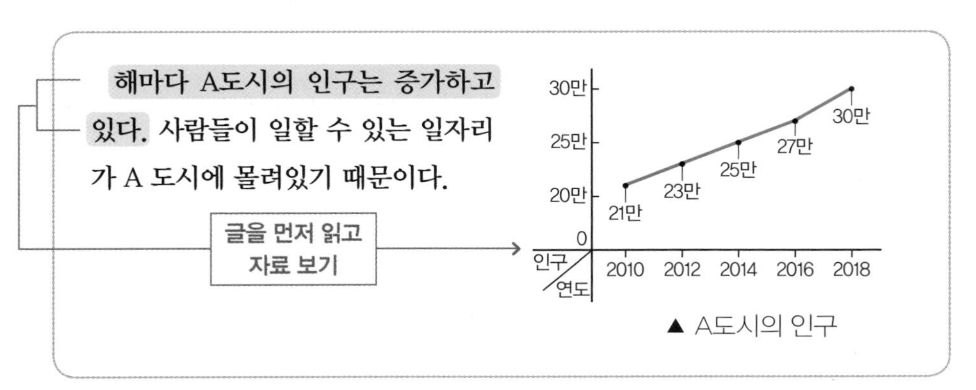

▲ A도시의 인구

또 표나 그래프 자료를 보면 글에서 직접 서술하지 않은 내용도 알 수 있어요. 위 도표를 보면 글에서 설명하지 않았지만 2018년 이후 인구가 계속 늘어날 거라고 짐작할 수 있지요.

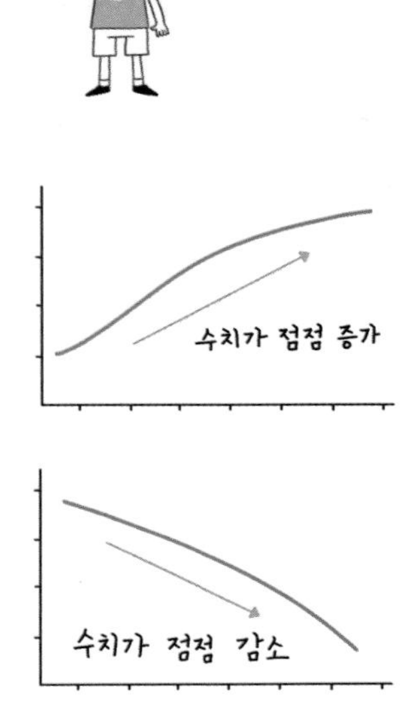

자료가 나오면 **글 내용과 관련되는 부분이 어디인지 찾아서 확인**하고 읽는 습관을 길러야 해요. 자료를 확인하고 의미를 따져 가며 읽는 습관은 글을 비판적으로 읽는 힘을 길러 줄 거예요.

문해력 솔루션! | **자료 읽기**

- 자료가 나와도 당황하지 말자. 글에 그 내용이 써 있다.
- 표나 그래프는 가로 세로 항목이 무엇을 나타내는지 확인하자.
- 글 내용이 자료에서 어느 부분에 해당하는지 확인하는 습관을 갖자.

자료 읽기

▶ 정답 17쪽

자료와 함께 다음 글을 읽고 물음에 답하시오.

청소년들은 스마트폰을 이용해 [㉠]을 가장 많이 하는 것으로 조사되었다. 11~17세의 청소년 2305명을 대상으로 한 설문 조사에 따르면 청소년들이 하루에 스마트폰을 이용하는 시간은 평균 168분이었으며 ㉡ 자료 검색에 스마트폰을 이용하는 시간은 평균 5분도 안 되는 것으로 조사되었다.

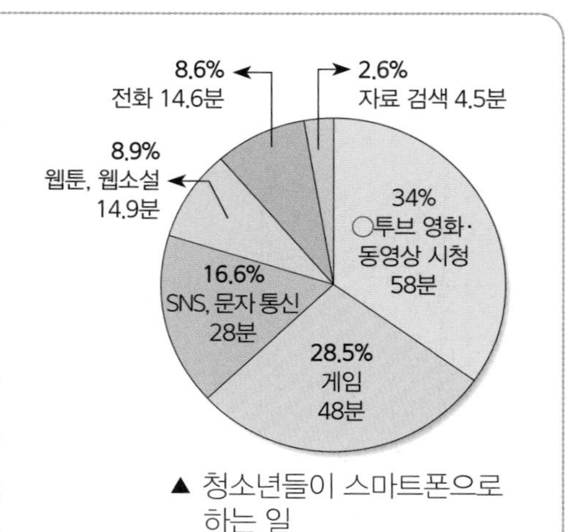

▲ 청소년들이 스마트폰으로 하는 일

● SNS 소셜 네트워크 서비스. 인터넷으로 여러 사람이 모임을 만들거나 대화와 정보를 주고받는 통신망.

1 [㉠]에 들어갈 말로 알맞은 것은 무엇입니까? ( )

① 전화
② 게임
③ 웹툰 감상
④ ○투브 영화·동영상 시청
⑤ SNS 및 문자 통신

■ **청소년들이 스마트폰으로 가장 많이 하는 것**
1. ○투브 영화·동영상 시청 58분
2. 게임 48분
3. SNS 및 문자 통신 28분
4. 웹툰, 웹소설 읽기 14.9분
5. 전화 14.6분
6. 자료 검색 4.5분

2 ㉡은 자료의 어느 부분을 보고 알 수 있습니까? ( )

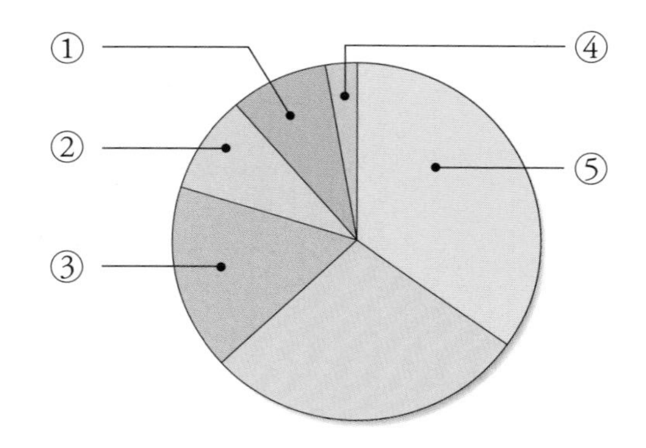

3 글과 자료의 내용으로 보아 청소년들이 스마트폰을 사용하는 주된 목적은 무엇이라고 볼 수 있습니까? ( )

① 학습 보조
② 자료 검색
③ 연락 및 통신
④ 인터넷 쇼핑
⑤ 여가 활동 및 취미

영화, 동영상 시청이나 게임은 어떤 활동에 속하는지 생각해 보세요.

사회 비판적으로 광고를 보는 눈

배경지식의 힘

QR을 찍어 동영상을 보고
간접 광고에 대해 알아봅시다.

동영상을 보고 알맞은 것에 ✓ 하세요.

▶ 정답 18쪽

1 간접 광고란 무엇인가요?

㉠ 구매를 유도하기 위해 상품의 정보를 직접적으로 알려 홍보하는 방법입니다. ☐

㉡ 영화나 드라마에 상품을 보여 주어서 제품을 간접적으로 홍보하는 방법입니다. ☐

2 광고를 볼 때 꼼꼼히 확인해야 하는 것은 무엇인가요?

㉠ 제품의 품질입니다. ☐

㉡ 제품의 인기입니다. ☐

3 간접 광고가 많이 이루어지는 까닭은 무엇인가요?

㉠ 기존의 광고보다 비용이 훨씬 적게 들기 때문입니다. ☐

㉡ 기존의 광고보다 제품을 자연스럽고 지속적으로 볼 수 있기 때문입니다. ☐

4 올바르게 물건을 구매하는 방법은 무엇인가요?

㉠ 필요한 물건인지 생각하고 구매합니다. ☐

㉡ 제품을 쓰고 있는 연예인과 비슷하게 보일지 생각하고 구매합니다. ☐

정치 | **경제** | 문화 | 사회문제 | 지리

비판적으로 광고를 보는 눈

키워드		쉬움	보통	어려움
• 광고 • 허위 광고 • 과장 광고	제재 어휘 문장			

광고는 신문이나 텔레비전과 같은 **매체**에서 상품에 대한 정보를 소비자에게 알리는 활동을 말해요. 우리는 하루에도 수많은 광고를 접하곤 하지요. 기업은 광고를 통해 상품과 서비스를 효과적으로 판매할 수 있고, 소비자는 광고를 통해 구매하고자 하는 상품과 서비스에 대한 정보를 얻을 수 있지요.

하지만 광고를 만드는 주체가 기업이고, 광고를 하는 목적도 상품 판매량을 높이기 위한 것이기 때문에 기업은 상품에 대한 내용을 부풀리거나 사실과 다른 내용을 광고에 담기도 해요. 광고를 통해 자신들 제품의 장점만 드러내고, 제품의 단점이나 사용 시 주의할 점 등은 감추려고 하지요. 상품에 대해 사실이 아닌 자료와 정보를 담고 있는 광고를 **허위** 광고라고 하고, 상품의 기능을 사실보다 더 부풀려서 말하는 광고를 **과장** 광고라고 해요.

아래는 ㉠ 최근 석 달 간 100여 명의 소비자가 광고를 보고 제품을 구매한 경험에 대해 조사한 그래프예요. 허위 광고, 과장 광고를 겪었거나 광고에서 말하지 않은 결함이 있는 제품을 구매한 경우가 무려 [㉡]%에 달했어요.

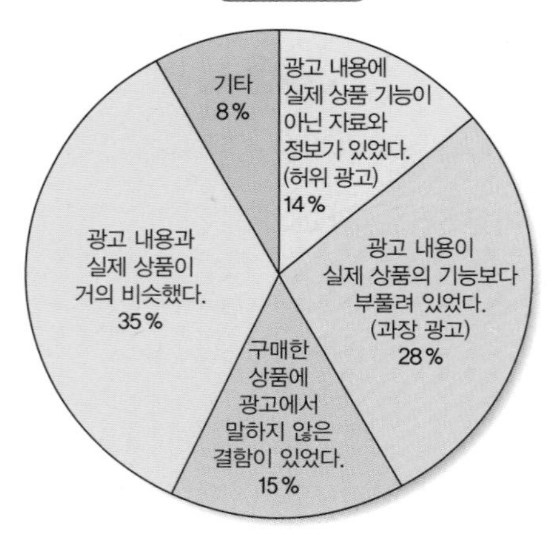

그렇다면 이처럼 허위 광고와 과장 광고 등에 **현혹**되지 않기 위해서는 어떻게 해야 할까요? 광고를 **비판적**이고 분석적으로 받아들여야 해요. 광고에 나온 설명 외에도 제품의 기능과 품질, 사용법 등에 대한 정보를 자세히 살펴보아야 하지요. 또한, 광고를 보고 제품을 충동적으로 구매하기보다는 내가 필요한 물건이 맞는지 신중하게 생각해 보는 자세가 필요해요. 비판적인 눈으로 광고를 보고 현명하게 제품을 구매하는 소비자가 되어야겠지요?

어휘 풀이

- **매체**: 어떤 일이나 정보를 한쪽에서 다른 쪽으로 전달하는 물체 또는 수단.
- **허위**: 진실이 아닌 것을 진실인 것처럼 꾸민 것.
- **과장**: 사실보다 지나치게 부풀려서 나타냄.
- **현혹**: 정신을 빼앗겨 해야 할 바를 잊음.
- **비판적**: 사물의 옳고 그름을 판단하여 밝히거나 잘못된 점을 지적하는. 예 주장하는 글은 근거를 따지며 비판적으로 읽어야 한다.

정보화 시대의 매체들

자료 해석하기

1 자료 ㉠을 해석한 결과로 알맞지 않은 것은 무엇입니까? ( )

① 허위 광고를 접한 경험이 있다고 답한 사람은 14%이다.
② 과장 광고를 접한 경험이 있다고 답한 사람은 28%이다.
③ 광고 내용과 실제 상품이 거의 비슷했다고 답한 사람은 35%이다.
④ 구매한 상품에 광고에서 말하지 않은 결함이 있었다고 답한 사람은 15%이다.
⑤ 허위 광고를 접한 경험이 있다고 답한 사람이 과장 광고를 접한 경험이 있다고 답한 사람보다 많다.

자료를 바탕으로 판단하기

2 자료 ㉠을 보고, ㉡에 들어갈 알맞은 숫자를 쓰시오.

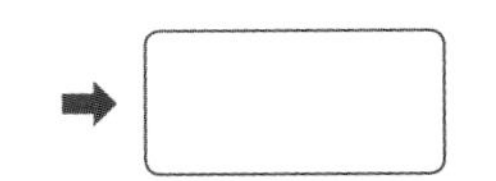

■ 자료 해석하기
- 허위 광고 14%
- 과장 광고 28%
- 말하지 않은 결함이 있는 광고 15%

원그래프의 특성 이해하기

3 ㉠과 같은 원그래프를 활용하여 나타내기에 가장 알맞은 자료에 ○표 하시오.

(1) 1년 동안 매월 평균 기온의 변화	(2) 작년 1월부터 12월까지의 학교 행사	(3) 우리 반 학생들이 좋아하는 계절의 비율
( )	( )	( )

백분율 원그래프는 전체를 100으로 하였을 때 해당 항목이 어느 정도 차지하는지를 한눈에 알 수 있게 나타내요.

자료 해석하기

4 광고에 거짓 정보가 담기게 되는 까닭 두 가지를 고르시오. (,)

① 광고를 만드는 주체가 기업이기 때문에
② 광고를 만드는 주체가 소비자이기 때문에
③ 기업의 모든 활동은 법의 규제를 받기 때문에
④ 광고의 목적은 상품 판매량을 늘리는 것이므로
⑤ 광고의 목적은 공공의 이익을 꾀하는 것이므로

2일 4주

글의 내용 파악하기

5 광고에 대한 설명으로 알맞지 않은 것은 무엇입니까? ( )

① 광고는 상품에 대한 정보를 소비자에게 알리는 활동이다.
② 신문이나 텔레비전과 같은 매체를 통해 광고를 접할 수 있다.
③ 광고는 소비자와 기업 모두에게 장점이 있기 때문에 단점이 없다.
④ 기업은 광고를 통해 상품과 서비스를 효과적으로 판매할 수 있다.
⑤ 소비자는 광고를 통해 구매하고자 하는 상품과 서비스에 대한 정보를 얻을 수 있다.

핵심 정보 파악하기

6 다음 설명에 해당하는 어휘를 찾아 선으로 이으시오.

(1) 사실에 해당하지 않는 자료나 정보를 사용하는 광고 •

(2) 상품의 기능을 더 부풀려서 하는 광고 •

• ① 과장 광고

• ② 허위 광고

• ③ 간접 광고

글의 내용을 일상에 적용하기

7 다음 중 광고를 비판적으로 받아들여 물건을 구매한 친구는 누구입니까?

민정: 원래 사려던 물건이 아니었는데 광고를 보니까 왠지 좋아 보이길래 아무 생각 없이 구매했어.
인성: 광고에 나온 정보 외에 제품의 기능과 품질에 대해 충분히 살펴보고 신중하게 고민한 후에 샀어.
지민: 내가 필요한지 아닌지는 중요하지 않아. 그냥 요즘 광고에 많이 나오는 물건이라서 충동적으로 구매했어.

( )

▶ 정답 18쪽

광고에 대한 내용을 정리해 볼까요?

≫ 광고에 대해 설명하는 글을 읽었습니다. 빈칸에 들어갈 말을 [보기]에서 찾아 써넣으며 글 내용을 정리해 봅시다.

보기

비판적	구매	맹목적	사실
조장	광고	사기	과장

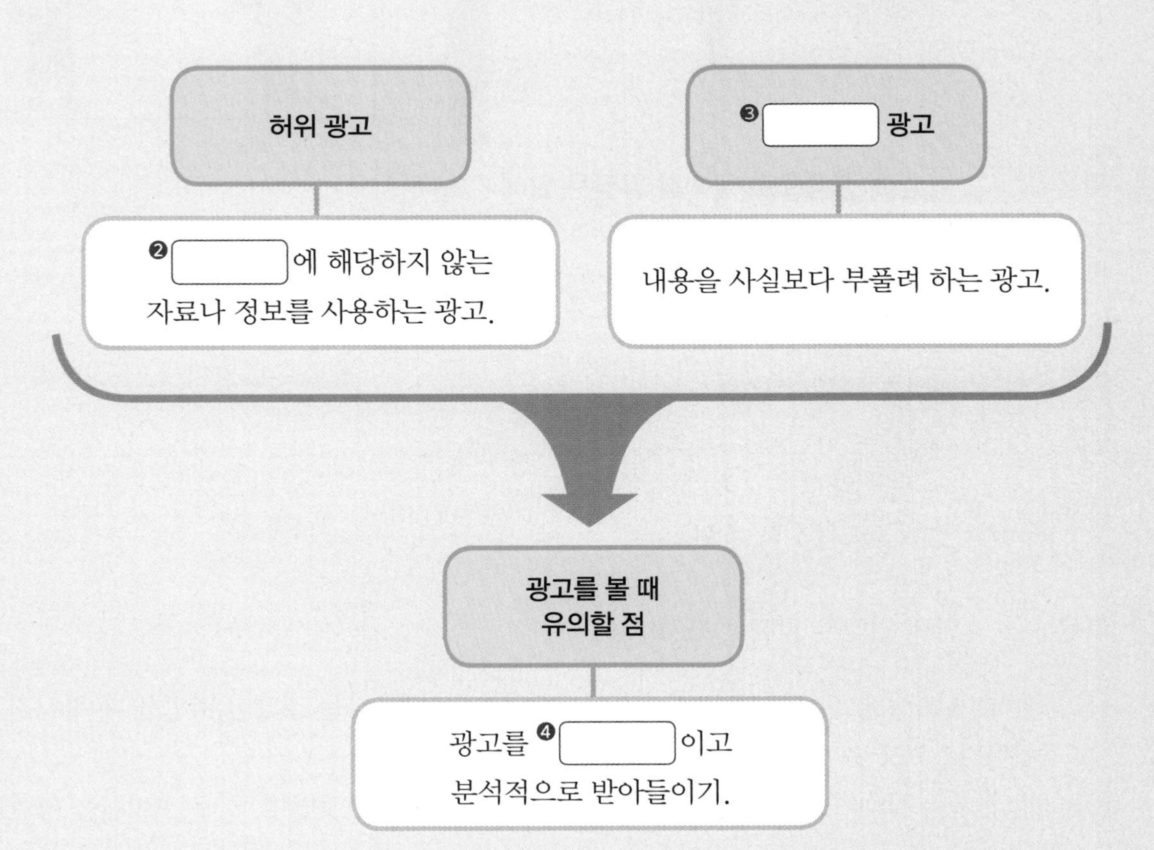

비판 / 비난

▶ 정답 18쪽

'비판'과 '비난'은 어떻게 다를까요? 두 어휘를 구분해 봅시다.

1 다음 [ ] 안에 공통으로 들어갈 알맞은 말에 ○표 하시오.

- 주장하는 글을 [ ]적으로 읽으면 주장이 타당한지, 뒷받침하는 근거는 적절한지 생각해 볼 수 있다.
- 선입견이나 왜곡이 있지 않은지 살피며 글을 [ ]적으로 읽었더니 사고의 폭이 넓어졌다.

(1) 비판 (　　　　)　　　(2) 비난 (　　　　)

2 다음 (　) 안의 알맞은 말에 ○표 하시오.

(1) 토론 중에는 상대 후보에 대한 원색적인 (비난 / 비판)보다는 정당한 비판을 해 주시길 부탁드립니다.

(2) 나는 친구가 잘되기를 바라며 조심스럽게 (비판 / 비난)한 것인데, 친구는 비난을 당한 것처럼 굴었다.

생물 | 물리 | 지구과학 | 화학 | 우주

과학 1초 동안 얼마나 움직일 수 있을까?

QR을 찍어 동영상을 보고
물체들이 1초 동안 움직인 거리에 대해 알아봅시다.

물리 | # 1초_동안_이동_거리 # 같은_시간_다른_이동 # 속력

3일 4주

동영상을 보고 알맞은 것에 ✓ 하세요.

▶ 정답 19쪽

1 1초 동안 각각의 물체들의 이동하는 거리는 어떠한가요?

㉠ 모두 다릅니다. ☐
㉡ 모두 같습니다. ☐

2 1초 동안 달팽이는 어느 정도 움직이나요?

㉠ 약 1.4m ☐
㉡ 약 1.4mm ☐

3 코끼리와 치타 중 1초 동안 더 먼 거리를 이동하는 동물은 무엇인가요?

㉠ 치타 ☐
㉡ 코끼리 ☐

4 고속 열차와 초음속 비행기 중 더 빠른 것은 무엇인가요?

㉠ 고속 열차 ☐
㉡ 초음속 비행기 ☐

1초 동안 얼마나 움직일 수 있을까?

키워드		쉬움 보통 어려움
• 속력 • 초속	제재 어휘 문장	

'속력'은 **단위** 시간 동안 **물체**가 이동한 거리로, 물체의 빠르기를 나타내. 속력이 더 큰 물체는 더 빠르다는 것을 의미하지. 속력은 이동 거리를 걸린 시간으로 나누어서 계산할 수 있어.

$$속력 = \frac{이동한\ 거리}{걸린\ 시간}$$

속력을 나타내는 단위 중 하나인 초속(m/s)을 알아볼까? 1m/s는 '일 미터 퍼 세컨드' 혹은 '초속 1미터'라고 읽어. 1초에 1미터를 이동하는 속력을 뜻하는 거야. 초속 5미터(5m/s)는 1초에 5미터를 이동하는 속력을, 초속 10미터(10m/s)는 1초에 10미터를 이동하는 속력을 뜻하지.

㉠ 오른쪽 표를 보고 10초 동안 40미터를 달린 수빈이와 20초 동안 100미터를 달린 정원이 중 누가 더 빠른지 **비교**해 보자.

사람	이동 거리	걸린 시간	속력
수빈	40m	10s(초)	$\frac{40m}{10s}$ = 초속 4미터(4m/s)
정원	100m	20s(초)	$\frac{100m}{20s}$ = 초속 5미터(5m/s)

두 사람이 달린 시간과 거리를 계산해서 속력으로 나타냈어. 초속 5m로 달린 정원이가 초속 4m로 달린 수빈이보다 [㉡]는 걸 알 수 있겠지? 이처럼 이동 거리와 이동하는 데 걸린 시간이 모두 다른 물체의 빠르기는 속력으로 나타내서 비교할 수 있어.

1초에 약 33m를 이동하는 치타의 속력은 초속 33미터야. 치타의 속력은 초속 5미터인 코끼리보다는 빠르고, 초속 83미터인 고속 열차보다는 느리지. 지금까지 **연구**한 바에 따르면 속력이 가장 빠른 것은 빛이라고 해. 빛은 1초에 약 30만km의 거리를 이동하거든. 눈 깜짝할 새에 30만 km를 간다니 정말 엄청나지?

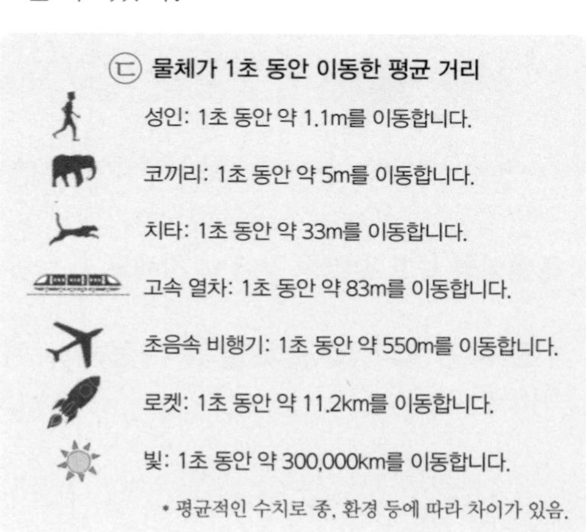

어휘 풀이

- **단위**: 길이, 무게, 시간 등을 수치로 나타낼 때 기초가 되는 일정한 기준.
- **물체**: 구체적인 형태를 가지고 있는 것.
- **비교**: 둘 이상의 사물을 견주어 서로 간의 유사점, 차이점 등을 생각하는 일.
- **연구**: 어떤 일이나 사물 등을 깊이 있게 조사하는 일.

여러가지 단위

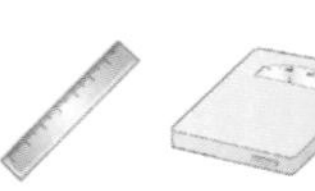

▶ 길이는 센티미터(cm), 미터(m), 무게는 그램(g), 킬로그램(Kg), 시간은 분, 시, 등의 단위로 나타낸다.

표 자료 읽기

1 표 자료 ㉠을 잘못 읽은 것은 어느 것입니까? ( )

① 수빈이는 40미터를 이동했다.
② 수빈이의 속력은 초속 4미터이다.
③ 정원이의 속력은 초속 20미터이다.
④ 정원이가 이동한 거리는 100미터이다.
⑤ 수빈이가 이동하는 데 걸린 시간은 10초이다.

문해력 tip

표 자료 ㉠에서 세로 항목은 사람을, 가로 항목은 거리와 시간, 속력을 나타내요.

자료를 바탕으로 판단하기

2 표 자료 ㉠을 보고, [㉡]에 들어갈 말로 알맞은 것에 ○표 하시오.

(빠르다 / 느리다)

자료 해석하기

3 자료 ㉢으로 보아 다음 중 가장 빠른 것은 어느 것입니까? ( )

① 성인 ② 로켓 ③ 치타
④ 코끼리 ⑤ 고속 열차

1초 동안 이동한 거리가 길수록 빠르다는 뜻이에요.

자료 해석하기

4 자료 ㉢을 바르게 해석한 것은 무엇입니까? ( )

① 로켓은 빛보다 빠르다.
② 성인은 코끼리보다 빠르다.
③ 코끼리는 10초 동안 약 50 m를 이동할 수 있다.
④ 성인은 100초 동안 약 11미터까지 이동할 수 있다.
⑤ ㉢의 표는 속력이 빠른 것부터 위에서 아래로 나열하였다.

핵심 정보 파악하기

5 **다음 중 속력에 대한 설명으로 바르지 않은 것은 어느 것입니까?** ( )

① 속력을 통해 물체의 빠르기를 알 수 있다.
② 속력은 단위 시간 동안 물체가 이동한 거리이다.
③ 속력은 걸린 시간을 이동 거리로 나누어서 계산한다.
④ 속력이 크면 클수록 물체가 더 빨리 움직이고 있음을 의미한다.
⑤ 두 물체의 속력을 알면, 이동 거리와 걸린 시간이 달라도 두 물체의 빠르기를 비교할 수 있다.

핵심 정보 파악하기

6 **속력을 바르게 이해한 친구는 누구입니까?**

민지: 같은 시간 동안에는 먼 거리를 이동할수록 속력이 커.
명진: 같은 거리를 움직일 때는 시간이 오래 걸릴수록 속력이 크지.
지훈: 걸린 시간과 관계없이 먼 거리를 이동한 물체의 속력이 큰 거야.

( )

이해와 적용

7 **속력을 구하는 공식을 보고 미니 자동차 A와 B의 속력은 얼마인지 구하시오.**

미니 자동차 A는 태엽의 힘으로 움직이고, 미니 자동차 B는 건전지의 힘으로 움직인다. 미니 자동차 A는 2초 동안 4미터를 이동했고, 미니 자동차 B는 5초 동안 20미터를 움직였다.

$$\text{속력} = \frac{\text{이동한 거리}}{\text{걸린 시간}}$$

(1) 미니 자동차 A의 속력

$\frac{\square}{\square}$ = 초속 ( )미터

(2) 미니 자동차 B의 속력

$\frac{\square}{\square}$ = 초속 ( )미터

▶ 정답 19쪽

속력에 대한 내용을 정리해 볼까요?

>> 속력에 대해 설명하는 글을 읽어 보았습니다. 빈칸에 들어갈 말을 [보기]에서 찾아 써 넣으며 글 내용을 정리해 봅시다.

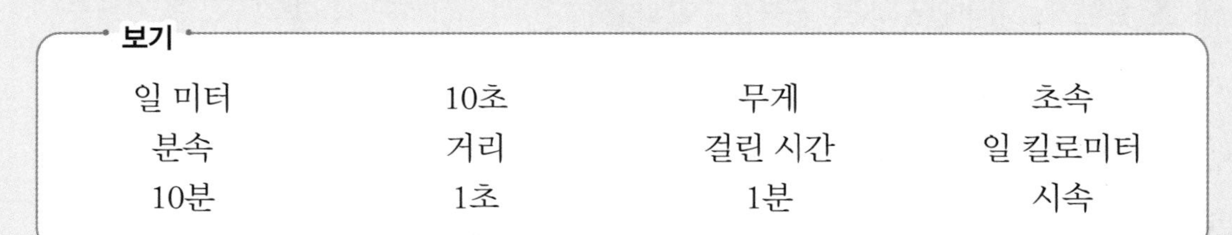

보기

일 미터	10초	무게	초속
분속	거리	걸린 시간	일 킬로미터
10분	1초	1분	시속

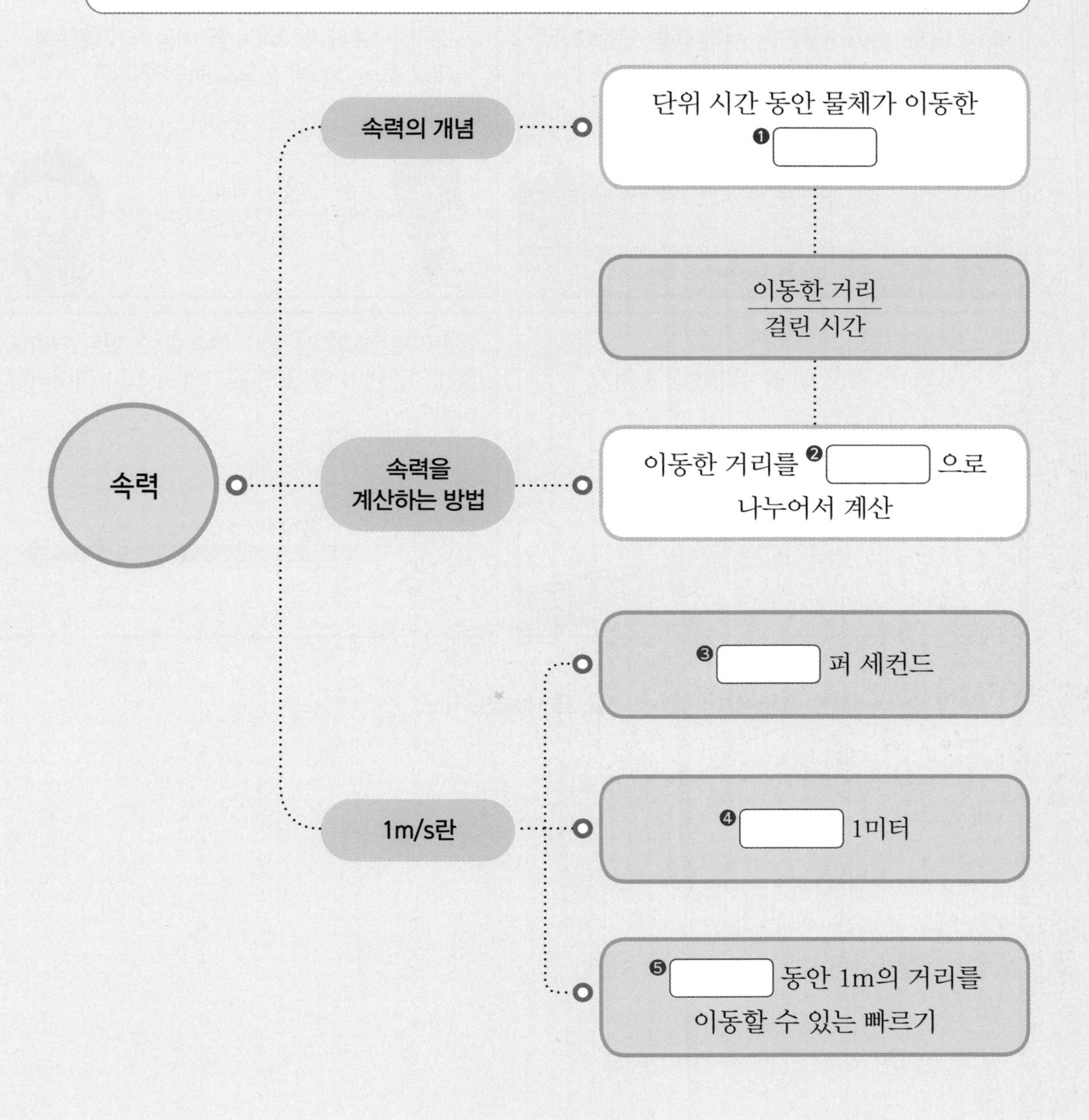

어휘의 힘

초속과 시속, 음속과 광속

▶ 정답 19쪽

앞서 배운 초속과 시속을 바탕으로 음속과 광속에 대해 알아봅시다.

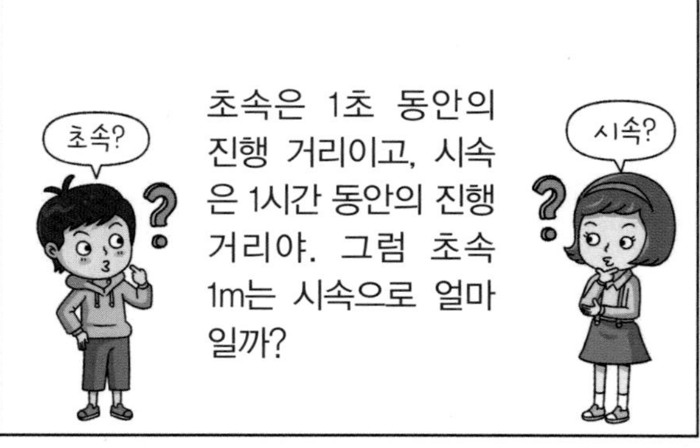

1분이 60초이고, 1시간은 60분이라는 것을 활용하면 돼.

1분은 60초!

1시간은 60분!

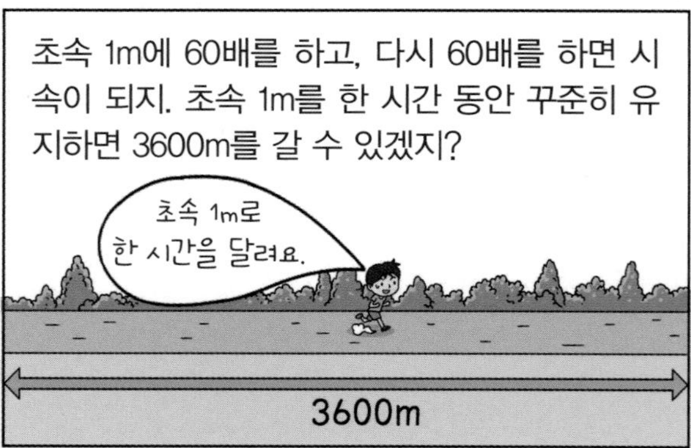

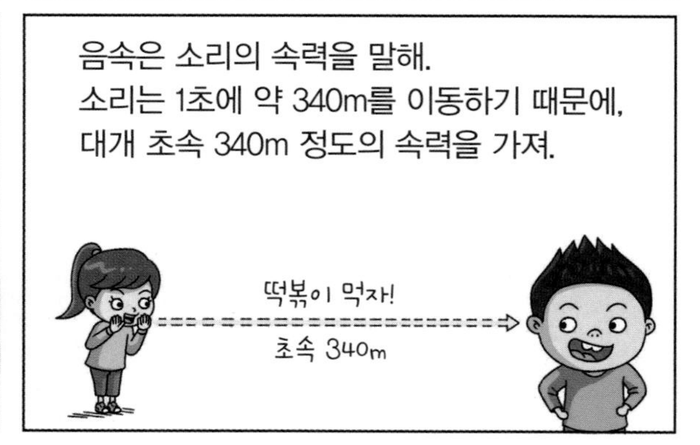

1광년이란 빛이 1년 동안 이동할 수 있는 거리를 뜻해. 1광년이 약 9조 4670억km라니 어마어마하지?

빛이 1년 동안 이동한 거리

1광년

1 다음 중 더 빠른 것을 찾아 >나 <로 표시해 보시오.

(1) 초속 350미터 ◯ 초속 400미터

(2) 초속 10미터 ◯ 시속 10미터

(3) 초속 1미터 ◯ 시속 360미터

(4) 소리의 속도 ◯ 빛의 속도

한국사 근대 문물에 눈뜨다

배경지식의 힘

QR을 찍어 동영상을 보고
덕률풍에 대해 알아봅시다.

근대 | # 덕률풍 # 우리나라_최초의_전화기 # 청년_김창수

동영상을 보고 알맞은 것에 ✓ 하세요.

▶ 정답 20쪽

1 덕률풍은 무엇인가요?

㉠ 우리나라 최초의 전화기입니다. ☐
㉡ 우리나라 최초의 자동차입니다. ☐

2 덕률풍의 이름은 어디에서 유래했나요?

㉠ 당시 백성들이 좋아하는 한자에서 유래하였습니다. ☐
㉡ 전화를 뜻하는 '텔레폰(telephone)'을 한자어로 바꾼 데서 유래하였습니다. ☐

3 청년 김창수는 누구인가요?

㉠ 독립운동가 백범 김구입니다. ☐
㉡ 독립운동가 백야 김좌진입니다. ☐

4 덕률풍을 통해 청년 김창수의 사형 집행을 막은 왕은 누구인가요?

㉠ 고종입니다. ☐
㉡ 세종입니다. ☐

근대 문물에 눈뜨다

키워드		쉬움 / 보통 / 어려움
• 근대 문물 • 연대표	제재 어휘 문장	

조선은 1876년 강화도 조약 이후 서양의 여러 나라와 조약을 맺고 근대 **문물**을 받아들였어요. 교통·통신 시설 등 다양한 근대 문물은 조선 사람들의 삶의 방식을 크게 바꾸었답니다.

▼ ㉠ 개항 이후 사회·문화적 변화

1876	㉡
1883	우리나라 최초의 근대 신문 『한성순보』 창간
1884	우리나라 최초의 우편 업무 관청 '우정총국' 설치
1885	우리나라 최초의 근대식 병원 '광혜원(제중원)' 설립
1887	우리나라 최초의 전기 가설
1899	우리나라 최초의 전차 및 철도 노선 개통

『한성순보』는 1883년 **창간**된 우리나라 최초의 근대 신문이에요. 박문국이라는 정부 기구에서 국민의 **계몽**을 위해 창간한 신문이지요. '한성순보'라는 이름에서 '순보'는 열흘에 한 번 나오는 신문이나 잡지를 뜻해요. 『한성순보』는 한국 최초의 근대 신문으로서 조선인의 근대적인 삶에 이바지하였답니다.

1885년에는 우리나라 최초의 근대식 병원인 광혜원이 설립되었어요. 처음 문을 열었을 때의 이름은 '광혜원'이었고, 약 2주 후에 '제중원'으로 이름을 바꾸었지요. 제중원을 통해 많은 백성들이 서양 의학의 도움을 받을 수 있었답니다.

우리나라 최초의 전기는 1887년 경복궁을 밝히기 위해 가설되었어요. 경복궁 향원정 연못에서 끌어온 물을 가열하여 수증기를 만들고, 그 수증기의 힘으로 발전기를 돌려 전등을 밝혔답니다. 갑자기 환하게 켜지는 전깃불을 본 당시 사람들은 신기한 불이라는 뜻으로 '묘화'라고도 불렀다고 해요.

1899년에는 오늘날의 서대문과 청량리 사이에 처음으로 전차가 **개통**되었어요. 전차는 전기로 가는 기차로, 오늘날 우리가 이용하는 전철과 비슷해요. 처음 전차가 들어왔을 때는 짚신을 벗어서 들고 타기도 했대요. 초가집이 빽빽한 거리에 큰 소리를 내며 달리는 전차가 눈에 띄었겠지요?

어휘 풀이

- **문물**: 정치, 경제, 종교, 예술, 법률 등 문화에 관한 모든 것을 통틀어 이르는 말.
- **창간**: 신문, 잡지 등 정기 간행물의 첫 번째 호를 펴냄.
- **계몽**: 지식 수준이 낮거나 예전의 것만을 그대로 따르는 사람을 가르쳐서 깨우침.
- 개통: 길, 다리, 철로, 전화, 전신 등을 완성하거나 이어 통하게 함.

○ 개통의 한자

열 **개** 통할 **통**

▶ 열어서 이어 통하게 함.
예 지하철의 개통으로 교통 체증이 완화되었다.

자료 해석하기

1 **자료 ㉠을 통해 알 수 있는 사실이 아닌 것은 무엇입니까?** ( )

① 우리나라 최초의 학교가 생긴 연도
② 우리나라 최초의 전기가 가설된 연도
③ 우리나라 최초의 근대 신문이 창간된 연도
④ 우리나라 최초의 근대식 병원이 설립된 연도
⑤ 우리나라 최초의 우편 업무 관청이 설치된 연도

문해력 tip 연대표

연대표는 역사적 사실을 일어난 순서대로 나타낸 표입니다.

4일

4주

자료 해석하기

2 **자료 ㉠을 읽고 해석한 내용으로 알맞지 않은 것은 무엇입니까?** ( )

① 『한성순보』의 창간은 광혜원이 설립되기 전에 일어난 일이다.
② 우리나라 최초의 전기가 가설된 것은 『한성순보』가 창간된 후에 일어난 일이다.
③ 우리나라 최초의 철도 노선이 개통된 것은 광혜원이 설립된 후에 일어난 일이다.
④ 우정총국이 설치된 것은 우리나라 최초의 전차가 개통된 것보다 나중에 일어난 일이다.
⑤ 우리나라 최초의 전기가 가설된 것은 우리나라 최초의 전차가 개통되기 전에 일어난 일이다.

문해력 tip 연대표의 활용

연대표를 보면 역사적 사건이 일어난 순서를 알 수 있습니다. 그리고 사건들 간의 관련성을 파악하는 데 도움이 됩니다.

자료와 관련지어 글 읽기

3 **글의 내용을 볼 때 ㉡ 에 들어갈 말로 가장 알맞은 것은 어느 것입니까?** ( )

① 박문국 설치
② 근대 신문 발행
③ 고종 황제 즉위
④ 강화도 조약 체결
⑤ 근대 교통 시설 도입

1876년에 일어난 일을 글에서 찾아보아요.

자료의 특성 이해하기

4 ㉠과 같은 연대표를 가장 알맞게 활용한 친구의 이름을 쓰시오.

지철: 나는 공부할 때 6·25 전쟁의 과정을 연대표로 작성했어.
혜성: 나는 점심시간에 우리 반 친구들이 좋아하는 계절을 연대표로 작성했어.
재현: 나는 학급 회의 때 이번 반장 후보자별 득표수를 연대표로 작성해 보았어.

(　　　　　　　　)

핵심 정보 파악

5 다음을 일이 일어난 순서대로 기호를 쓰시오.

㉮ 우리나라 최초의 근대 신문 창간

㉯ 우리나라 최초의 근대식 병원 설립

㉰ 우리나라 최초의 우편 업무 관청 설치

㉱ 우리나라 최초의 전기 가설

㉲ 우리나라 최초의 전차 개통

(　　　) → (　　　) → (　　　) → (　　　) → (　　　)

낱말의 뜻 이해하기

6 빈칸에 알맞은 낱말을 [보기]에서 찾아 쓰시오.

보기

창설　　길몽　　창립　　창간　　계몽

(1) 이 잡지는 올해 □□ 10주년 기념호를 준비 중이다.

(2) 지식인들은 교육받지 못한 사람들을 □□하기 위해 열심히 노력했다.

▶ 정답 20쪽

개항 이후 변화를 정리해 볼까요?

≫ 개항 이후 사회·문화적 변화에 대해 설명한 글을 읽었습니다. 빈칸에 들어갈 말을 [보기]에서 찾아 써넣으며 글 내용을 정리해 봅시다.

보기

식당	신문	아파트	택시
우편	전기	병원	전차
백화점	체육관	심부름	소설

개항 이후 사회·문화적 변화

- 1883년 — 우리나라 최초의 근대 ❶ (   ) 『한성순보』 창간
- 1884년 — 우리나라 최초의 ❷ (   ) 업무 관청 '우정총국' 설치
- 1885년 — 우리나라 최초의 근대식 ❸ (   ) '광혜원(제중원)' 설립
- 1887년 — 우리나라 최초의 ❹ (   ) 가설
- 1899년 — 우리나라 최초의 ❺ (   ) 및 철도 노선 개통

띄다 / 띠다

▶ 정답 20쪽

‘눈에 띄다’와 ‘눈에 띠다’ 중 무엇이 맞을까요? ‘띄다’와 ‘띠다’는 어떻게 다른지 알아봅시다.

띄다

‘뜨이다’의 줄임 말로, ‘눈에 보이다’, ‘두드러지다’ 라는 뜻.

예 지우개가 눈에 띄지 않는다.
= 지우개가 눈에 보이지 않는다.

띠다

어떤 빛깔, 색채, 성질 등을 가진다는 뜻.

예 푸른빛을 띤 하늘이 아름답다.
= 푸른빛을 가진 하늘이 아름답다.

1 다음 중 ‘띄다’나 ‘띠다’를 알맞게 사용한 것에 ○표 하시오.

(1) 작년에 국어 실력이 눈에 띠게 늘었다. ( )

(2) 잃어버린 책을 계속 찾았지만 눈에 띄지 않았다. ( )

2 다음 □ 안에 알맞은 것을 줄로 이으시오.

(1) 술래의 눈에 □지 않게 도망 다녔다. •	• ① 띄
(2) 장미가 붉은빛을 □었다. •	• ② 띠

과학 습도와 불쾌지수

QR을 찍어 동영상을 보고
습도를 낮추는 방법에 대해 알아봅시다.

습도를_낮추는_방법 | # 건조제 | # 보일러 | # 얼린_페트병

동영상을 보고 알맞은 것에 ✓ 하세요.

▶ 정답 21쪽

1 옷장이나 신발장에 넣는 건조제의 주성분은 무엇인가요?

㉠ 염화 칼슘입니다. ☐
㉡ 이산화 탄소입니다. ☐

2 보일러를 살짝 틀면 습도가 낮아지는 까닭은 무엇인가요?

㉠ 바닥 전체의 온도가 상승하여 증발이 잘 일어나기 때문입니다. ☐
㉡ 바닥 전체의 온도가 하강하여 증발이 잘 일어나기 때문입니다. ☐

3 공기 중의 수증기는 차가운 것에 닿으면 어떻게 되나요?

㉠ 사라집니다. ☐
㉡ 응결하여 물이 됩니다. ☐

4 공기 중의 수증기가 물이 되면 공기에 포함된 수증기량과 습도는 어떻게 변하나요?

㉠ 공기에 포함된 수증기량이 감소해 습도가 낮아집니다. ☐
㉡ 공기에 포함된 수증기량이 늘어나 습도가 높아집니다. ☐

습도와 불쾌지수

키워드
- 불쾌지수
- 습도

	쉬움	보통	어려움
제재			
어휘			
문장			

불쾌지수는 온도와 **습도**가 사람의 기분에 미치는 영향을 **수치화**하여 나타낸 것입니다. 불쾌지수를 계산할 때에는 습도를 반영한 습구 온도가 이용됩니다. 습구 온도계는 일반 온도계에 젖은 헝겊을 두른 온도계라고 생각하면 이해가 쉽습니다. 건조한 날은 헝겊의 습기가 **증발**하며 열을 빼앗기 때문에 습구 온도가 낮게 나옵니다. 하지만 습한 날은 습기가 잘 증발하지 않아 보통 온도(기온)와 별 차이가 나지 않습니다. 보통 온도는 습구 온도와 대비하여 건구 온도라고 합니다.

불쾌지수는 다음과 같이 일정한 식을 통해 계산합니다.

㉠

불쾌지수 = 0.72 × (건구 온도 + 습구 온도) + 40.6

단계	불쾌지수 범위	불쾌감의 정도
매우 높음	80 이상	전원 불쾌감을 느낌.
높음	75~80 미만	50% 정도 불쾌감을 느낌.
보통	68~75 미만	불쾌감을 나타내기 시작함.
낮음	68 미만	전원 쾌적함을 느낌.

이와 같이 계산된 불쾌지수는 몇 단계로 나뉩니다. 단계별 불쾌감의 정도를 살펴볼까요?

건구 온도가 30도, 습구 온도가 22도이면 불쾌지수는 78정도가 됩니다. 불쾌지수 단계 중 '높음'에 해당하고, 열 명 중 다섯 명이 불쾌감을 느낀다는 뜻입니다. 건구 온도가 21도, 습구 온도가 15도이면 불쾌지수는 66정도가 됩니다. 불쾌지수 단계는 '낮음'에 해당하고 모두가 **쾌적함**을 느낀다는 뜻입니다.

물론 이와 같은 불쾌지수가 모두에게 정확히 맞는 것은 아닙니다. 개인에 따라 더위를 잘 타는 사람, 습도에 덜 민감한 사람 등 차이가 있으니까요. 이와 같은 불쾌지수를 만든 까닭은 무덥고 습한 날, 내가 이유 없이 짜증이 나는 것처럼 상대도 그러할 수 있으니 서로 이해하고 배려하자는 의미, 아닐까요?

어휘 풀이

- 습도: 공기 가운데 수증기가 들어 있는 정도.
- **수치화**: 사물이나 현상을 수치로 나타냄.
  - 예 그는 작업한 양을 수치화하여 정리했다.
- **증발**: 어떤 물질이 액체 상태에서 기체 상태로 변함. 또는 그런 현상.
  - 예 컵에 담아 둔 물이 증발했다.
- **쾌적함**: 기분이 상쾌하고 즐거움.

○ 습도가 높으면?

▶ 습도가 높으면 빨래가 잘 마르지 않는다. 또한, 음식물이 빨리 부패하고 곰팡이가 잘 생긴다.

자료 읽기

1 **불쾌지수를 계산하는 다음 식에서 알 수 있는 사실로 알맞은 것은 무엇입니까?** ( )

불쾌지수 = 0.72 × (건구 온도 + 습구 온도) + 40.6

① 불쾌지수는 온도와 관계가 없다.
② 불쾌지수는 습도가 높을수록 높다.
③ 불쾌지수는 하루 동안 값이 일정하다.
④ 불쾌지수는 온도가 낮을수록 높게 나온다.
⑤ 불쾌지수는 건구 온도와 습구 온도를 더한 값이다.

불쾌지수는 온도와 습도가 높을수록 높게 나와요.

5일
4주

자료 해석하기

2 **㉠의 자료를 해석한 것으로 알맞지 않은 것은 무엇입니까?** ( )

① 불쾌지수가 낮을수록 불쾌감을 느끼기 쉽다.
② 불쾌지수가 77이라면 50% 정도가 불쾌감을 느낄 것이다.
③ 불쾌지수가 69라면 사람들이 불쾌감을 느끼기 시작할 것이다.
④ 불쾌지수가 90이라면 사람들 대부분이 불쾌감을 느낄 것이다.
⑤ 불쾌지수가 50이라면 사람들 대부분이 쾌적함을 느낄 것이다.

문해력 tip
표는 일정한 기준에 따라 내용을 알아보기 쉽게 정리한 것입니다. 주어진 표는 각 줄의 가로 방향으로 읽어야 합니다.

자료를 일상에 적용하기

3 **㉠의 자료를 일상생활에 알맞게 적용하여 말한 친구의 이름을 쓰시오.**

정한: 내일은 불쾌지수가 75 정도라고 해. 괜히 짜증을 내지 않게 조심해야겠어.
은빈: 오늘 불쾌지수가 80 이상이야. 사람들과 모여서 야외 활동을 하기 좋은 날이야.
유리: 불쾌지수가 60 정도인 날에는 모두 불쾌감을 느끼기 쉬울 테니 야외 활동을 자제해야겠어.

( )

문해력 tip
자료를 보고 그 안에 담긴 뜻을 파악해 보세요.

핵심 정보 파악

4 습구 온도에 대해 잘못 이해한 것은 어느 것입니까? ( )

① 건구 온도와 대비되는 온도이다.
② 습구 온도계로 측정하는 온도이다.
③ 건조한 날에는 습구 온도가 낮게 나온다.
④ 습한 날에는 건구 온도와 크게 차이가 나지 않는다.
⑤ 수증기의 증발이 잘 일어나는 날에는 습구 온도가 높게 나온다.

핵심 정보 파악

5 불쾌지수에 대한 설명으로 알맞은 것에 ○표 하시오.

(1) 여름철 무덥고 습한 장마철에는 불쾌지수가 낮다.	(2) 불쾌지수는 개인에 따른 차이 없이 모든 사람에게 똑같이 적용된다.	(3) 불쾌지수는 온도와 습도에 따라 사람이 느끼는 불쾌감의 정도를 나타낸다.
( )	( )	( )

낱말의 뜻 이해하기

6 빈칸에 알맞은 낱말을 [보기]에서 찾아 쓰시오.

보기

각도 증폭 불쾌 습도 증발 쾌적

(1) □□가 낮아서 목이 건조해 따끔거렸다.

(2) 컵의 물이 □□하여 물의 양이 줄어들었다.

(3) 날씨가 맑고 가을바람도 살랑살랑 불어 □□했다.

독해의 힘 내용 구조화

▶ 정답 21쪽

불쾌지수에 대해 알아볼까요?

≫ 불쾌지수에 대해 설명한 글을 읽었습니다. 빈칸에 들어갈 말을 [보기]에서 찾아 써넣으며 글 내용을 정리해 봅시다.

보기

수증기	얼음	자외선	긴장감
강수량	습도	불쾌함	낮음
습구 온도	체감 온도	쾌적함	높음

불쾌지수

- 불쾌지수의 개념: 대기 중의 온도와 ❶( )를 이용해서 날씨에 따라 사람이 느끼는 불쾌감의 정도를 나타내는 지수
- 불쾌지수를 계산하는 방법: 0.72×(건구 온도+❷( ))+40.6
  - 건구 온도: 보통 온도계로 측정한 온도. 습도의 영향을 받지 않음.
  - 습구 온도: 습구 온도계로 측정한 온도. 습할수록 ❸( ).
- 불쾌지수에 따른 불쾌감의 정도: 불쾌지수가 높으면 ❹( )을 느끼기 쉽고, 불쾌지수가 낮을수록 쾌적함.

5일 4주

날씨와 관련된 속담

▶ 정답 21쪽

조상들의 지혜가 담긴 날씨에 관한 속담들을 살펴보고 어떤 경우에 사용할 수 있을지 생각해 봅시다.

풀이 추운 겨울이 지나가고 따뜻한 봄이 오는 것 같았는데, 봄철에 뜻밖에 추위가 있다는 말이에요.

풀이 습도가 높으면 곤충들은 날개가 무거워져서 땅 가까이에서 날아요. 그래서 곤충을 잡아먹는 제비도 먹이를 구하려고 땅 가까이 난다는 말이에요.

풀이 처서는 24절기 가운데 하나예요. 이쯤 되면 한여름 무더위가 한풀 꺾여서, 여름철 대표 곤충인 모기도 자취를 감춘다는 뜻이랍니다.

풀이 보통 가을은 여름과 다르게 강수량이 적어요. 그래서 가을비는 빗자루 하나만으로도 피할 수 있다는 재치 있는 표현이랍니다.

1 빈칸에 들어갈 속담으로 가장 알맞은 것에 ○표 하시오.

가은: 얼마 전까지 덥더니 날씨가 시원해졌어.
영지: (   )더니, 정말 여름이 가고 가을이 오려나 봐.

(1) 봄 추위가 장독 깬다 ( )
(2) 제비가 낮게 날면 비가 온다 ( )
(3) 가을비는 빗자루로도 피한다 ( )
(4) 처서가 지나면 모기 입이 비뚤어진다 ( )

memo

잘 읽고 잘 배웠나? ✓표를 해 보자.

- 기억나는 개념이나 지식이 있나요? ☑
- 읽으면서 새롭게 알게 된 사실이 있었나요? ☐
- 이해하기 힘들었던 부분이 있었나요? ☐
- 무엇이 가장 중요했는지 이야기할 수 있나요? ☐
- 잘 모르는 부분은 몇 번이고 더 읽고 알기 위해 애썼나요? ☐
- 그럼, 다음에는 어떤 책을 읽고 싶은지 정했나요? ☐

책 한 권을 읽고 마지막 페이지를 덮은 뒤
그대로 가만히 있으면
여운이라는 게 남아

남의 말소리가 들리고, 내 말소리가 들리고
두런두런 소리들이 책을 덮고 나서도
내 귀를 간질이지.

그 좋은 느낌이란!

찐 천재님들의 거짓없는 솔직 후기

천재교육 도서의 사용 후기를 남겨주세요!

이벤트 혜택

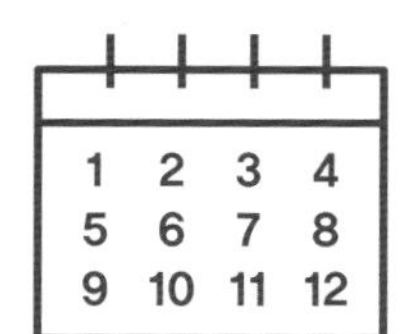

매월

100명 추첨

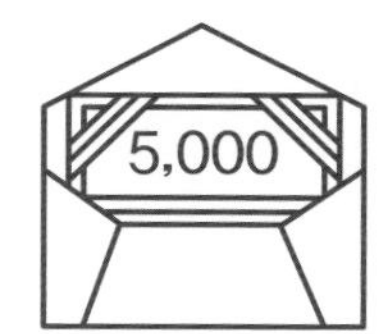

상품권 5천원권

이벤트 참여 방법

STEP 1

온라인 서점 또는 블로그에 리뷰(서평) 작성하기!

STEP 2

왼쪽 QR코드 접속 후 작성한 리뷰의 URL을 남기면 끝!

※ 상기 내용은 변동될 수 있으며, 자세한 내용은 QR코드 페이지를 참고해주세요.

뭘 좋아할지 몰라 다 준비했어♥

전과목 교재

전과목 시리즈 교재

●무등샘 해법시리즈

– 국어/수학	1~6학년, 학기용
– 사회/과학	3~6학년, 학기용
– 봄·여름/가을·겨울	1~2학년, 학기용
– SET(전과목/국수, 국사과)	1~6학년, 학기용

●똑똑한 하루 시리즈

– 똑똑한 하루 독해	예비초~6학년, 총 14권
– 똑똑한 하루 글쓰기	예비초~6학년, 총 14권
– 똑똑한 하루 어휘	예비초~6학년, 총 14권
– 똑똑한 하루 한자	예비초~6학년, 총 14권
– 똑똑한 하루 수학	1~6학년, 학기용
– 똑똑한 하루 계산	예비초~6학년, 총 14권
– 똑똑한 하루 사고력	1~6학년, 학기용
– 똑똑한 하루 도형	예비초~6학년, 단계별
– 똑똑한 하루 사회/과학	3~6학년, 학기용
– 똑똑한 하루 봄/여름/가을/겨울	1~2학년, 총 8권
– 똑똑한 하루 안전	1~2학년, 총 2권
– 똑똑한 하루 Voca	3~6학년, 학기용
– 똑똑한 하루 Reading	초3~초6, 학기용
– 똑똑한 하루 Grammar	초3~초6, 학기용
– 똑똑한 하루 Phonics	예비초~초등, 총 8권

●독해가 힘이다 시리즈

– 초등 문해력 독해가 힘이다 비문학편	3~6학년
– 초등 수학도 독해가 힘이다	1~6학년, 학기용
– 초등 문해력 독해가 힘이다 문장제수학	1~6학년, 총 12권

영어 교재

●초등영어 교과서 시리즈

파닉스(1~4단계)	3~6학년
영단어(1~4단계)	3~6학년, 학년용
●LOOK BOOK 영단어	3~6학년, 단행본
●원서 읽는 LOOK BOOK 영단어	3~6학년, 단행본

국가수준 시험 대비 교재

●해법 기초학력 진단평가 문제집	2~6학년·중1 신입생, 총 6권

비문학편

5단계 A 5~6학년

천재교육

정답과 풀이
포인트 3가지

- 주차별 주요 문해 기술 요약 정리
- 독해력 향상에 꼭 필요한 해설과 도움말 제시
- 혼자서도 이해할 수 있는 독해 문제 풀이

정답과 풀이

1주

2주

3주

4주

문해력 | 어휘의 의미를 추론하며 읽기

12쪽 문해력 연습

1 (2)○ (3)○
2 ③
3 ⑤
4 정치에 참여할 수 있는 권리

1 '시나브로 읽다 보니'에서 '시나브로'가 '조금씩 조금씩', '자기도 모르게'의 의미와 비슷할 것임을 알 수 있습니다.

시나브로: 모르는 사이에 조금씩 조금씩.

2 '세도를 함부로 휘둘렀다', '세도가 대단하다'라는 말에서 '세도'란 힘이나 권력과 비슷한 의미일 것임을 알 수 있습니다.

세도: 정치적인 권력과 세력.

3 글 내용으로 보아 '대오리'는 대나무와 관련된 재료이고, 바구니, 삿갓을 만드는 재료라는 것을 알 수 있습니다.

대오리: 대나무를 가늘고 길게 쪼갠 조각.

4 글 내용을 통해 ○○○은 여성이 가지려고 노력한 어떤 권리이고, '정치 참여'와 관련된다는 것을 알 수 있습니다. 바로 이어지는 문장에서 여성이 '정치에 참여할 수 있는 권리'를 얻기 위해 싸웠다는 말에 ○○○의 뜻이 직접 드러나 있습니다.

참정권: 국민이 정치에 직접 또는 간접적으로 참여하는 권리.

이 주의 **문해 기술** 정리하기

○ 어휘의 의미를 추론하며 읽는 방법은?

❶ 뜻을 모르는 어휘가 나오더라도 문장 전체의 의미를 짐작하며 읽어요.

❷ 문장의 앞뒤 내용을 보고 그 어휘의 특성이나 성질을 짐작하며 읽어요.

❸ 그 어휘와 비슷하게 쓰이는 다른 말을 떠올리며 읽어요.

○ 어휘의 의미를 추론하며 읽으면 좋은 점

❶ 모르는 어휘가 나와도 문장과 글 내용을 파악할 수 있어요.

❷ 어휘의 뜻을 다양하게 생각해 보기 때문에 어휘력도 늘어요.

모르는 낱말이 나왔다고 사전부터 찾으려고 하지 말고 그 뜻을 짐작하며 읽는 습관을 들여요!

사회 | 선거 관리 위원회가 하는 일

13쪽 배경지식의 힘

1 ㉠✓ 2 ㉡✓
3 ㉡✓ 4 ㉡✓

동영상 제목: **우리는 투표를 할 수 없다고요?**

1 보통 선거의 원칙에 따라 일정한 나이가 되면 누구에게나 투표권이 주어집니다.

2 과거에 미국에서 흑인 남성은 선거권을 가지지 못했습니다.

3 미국에서 여성들의 선거권을 인정하게 된 때는 1920년대입니다.

4 미국에서 흑인들의 선거권을 인정하게 된 때는 1960년대입니다.

14~16쪽 비문학 독해

1 ④ 2 보겸
3 ① 4 ⑤
5 ②
6 (1) ○ (2) ○ (3) × (4) ○
7 ②

글 제목: **선거 관리 위원회가 하는 일**

1 공정성을 확보하는 수단이 된다는 내용을 나타내므로, 외부의 간섭과 영향을 받지 않도록 제외시켰다는 뜻으로 추론하는 것이 알맞습니다.

2 '선거법을 준수한다'를 보고 선거법을 잘 지킨다는 뜻으로 추론한 보겸이가 어휘의 의미를 알맞게 짐작하였습니다.

3 문단속: 문을 잘 잠그는 것.
입단속: 어떤 정보가 퍼지지 않도록 하는 것.
몸단속: 다치거나 아프지 않도록 조심하는 것.
뒷단속: 일의 뒤끝을 단단히 준비하는 것.

4 '선거 관리 위원회'가 하는 일에 대해 설명한 글입니다.

5 국무총리는 선거에 의해 선출하지 않고 대통령이 임명합니다.

6 선거 관리 위원회에서는 선거법 위반 행위에 대한 사전 예방도 중요하게 여기고 있습니다.

7 '충당 및 지출'이라고 하였으므로 지출과 대비되는 뜻인 선거 비용을 '마련'하는 것과 관련된 뜻이라고 추론할 수 있습니다.

17쪽 독해의 힘

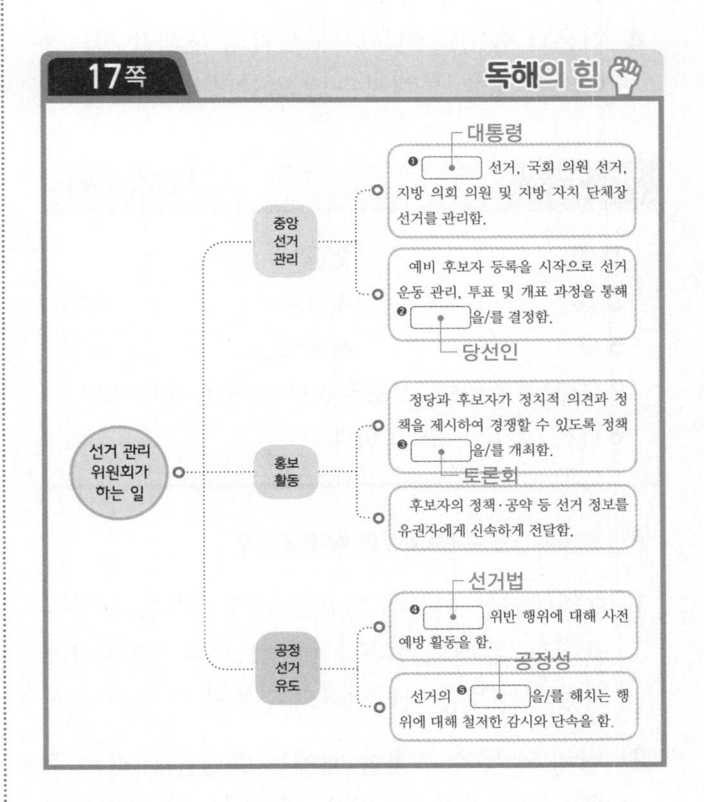

18쪽 어휘의 힘

1 (1) ❶ 유권자 ❷ 선거 공약 (2) 참정권 (3) 유세

1 (1) 유권자들은 후보자들의 선거 공약을 보고 누구에게 투표할지 정합니다.
(3) 선거를 앞두고 선거 유세를 하는 사람들을 많이 볼 수 있습니다.

과학 | 오존 주의보 발령 단계별 행동 요령

19쪽 배경지식의 힘

1 ㉡✓　2 ㉢✓
3 ㉠✓　4 ㉠✓

동영상 제목: **생활 기상 정보 숫자의 숨겨진 이야기**

2 태양에 오랫동안 노출될 때 예상되는 위험을 알려 주는 것은 '자외선 지수'입니다.

3 자외선 지수가 6에서 7일 경우 1~2시간 내에 피부 화상을 입을 수 있으므로 주의해야 합니다.

4 기온과 습도를 이용하여 사람의 불쾌감 정도를 나타낸 것을 '불쾌지수'라고 합니다.

20~22쪽 비문학 독해

1 ②　2 ④
3 ㉯　4 ①, ④
5 ②　6 자외선
7 (1) 오존 주의보 (2) 오존 경보 (3) 오존 중대 경보
8 (1) ○ (2) ○ (3) ○ (4) ×

글 제목: **오존 주의보 발령 단계별 행동 요령**

1 오존이라는 이름이 그리스어의 냄새를 뜻하는 말에서 '유래되었다'고 하였으므로, '생겨나게 되었다'는 뜻을 나타낸다고 추론할 수 있습니다.

2 '발령'의 뜻을 추론할 때에는 발령을 내리는 주체는 무엇인지, '무엇을' 발령하는지 살펴봅니다. 또 발령이 들어간 다른 문장을 살펴보며 뜻을 추론할 수도 있습니다.

3 '자제하는'은 스스로 제한을 둔다는 뜻으로 사용되는 말로, '자발적으로 하지 않는.'으로 추론할 수 있습니다.

4 '과도하다'는 도가 지나치다는 뜻으로 추론할 수 있는 말로, '過(지나칠 과)'와 '度(법도 도)'를 떠올릴 수 있습니다.

5 오존은 산소 원자 3개가 결합한 물질로, 사람의 몸에 좋지 않은 독성을 띱니다.

6 지구의 대기권에 있는 오존층은 태양의 자외선을 막아 주는 역할을 합니다.

7 시간당 대기 중 오존 농도가 0.12ppm 이상일 때에는 오존 주의보, 0.3ppm 이상일 때에는 오존 경보가 발령됩니다.

8 오존 경보가 발령되면 자동차 이용을 자제하여 대중교통을 이용하는 것이 좋습니다.

23쪽 독해의 힘

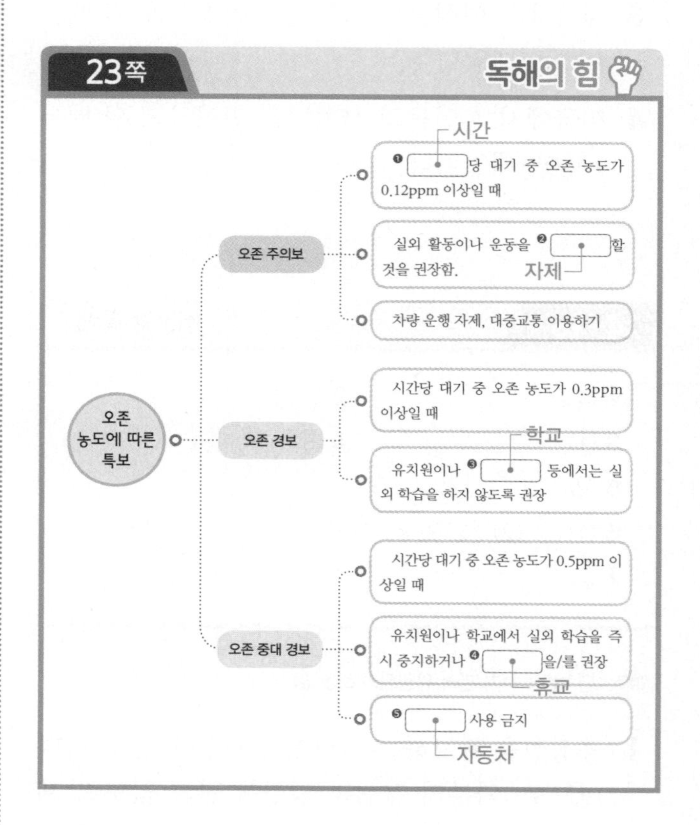

24쪽 어휘의 힘

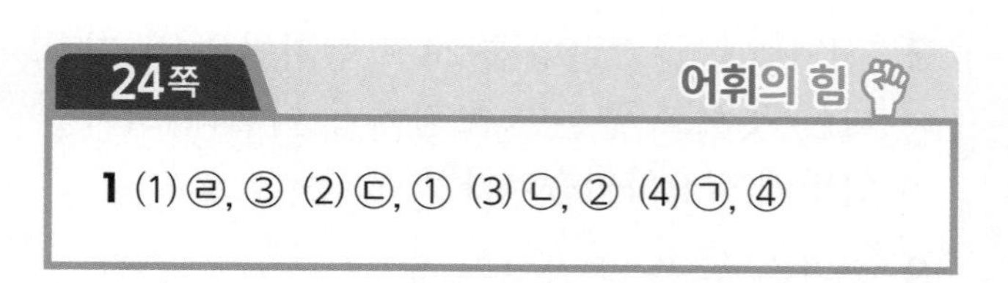
1 (1) ㉣, ③ (2) ㉢, ① (3) ㉡, ② (4) ㉠, ④

1 ppm(피피엠)은 농도의 단위, hPa(헥토파스칼)은 기압의 단위, W(와트)는 전력의 단위, Sv(시버트)는 방사선량의 단위입니다.

25쪽 **배경지식의 힘**

1 ㉡✓	**2** ㉡✓
3 ㉠✓	**4** ㉡✓

동영상 제목: **그날 밤, 남연군의 묘**

1 1868년 충청도에 상륙한 이방들의 대장은 '오페르트'입니다.

2 오페르트가 조선에 이방인들을 끌고 온 목적은 남연군의 묘를 도굴하기 위해서였습니다.

3 남연군 묘의 도굴이 실패한 까닭은 묘를 석회로 봉해 두어서입니다.

4 오페르트 사건 결과 흥선 대원군은 문호를 개방하지 않았습니다.

26~28쪽 **비문학 독해**

1 ②	**2** ③
3 ㉣	**4** 반대인
5 ⑤	**6** ②, ④
7 (1) 1, 3 (2) 2, 4	**8** (1) 반 (2) 찬 (3) 반

글 제목: **쇄국 정책, 과연 옳은 것이었을까?**

1 서구 열강들의 제국주의가 '팽배'하던 시기라고 하였으므로, '매우 거세게 일어난.'으로 뜻을 추론하는 것이 알맞습니다.

2 '수탈'의 뜻을 추론할 때에는 이어지는 내용 '침략하려는 의도'를 살펴보아야 합니다. '수탈'은 '강제로 빼앗음.'을 뜻합니다.

3 '수교'는 나라와 나라 사이에 교제를 맺는다는 뜻으로 추론할 수 있습니다.

4 그 앞의 문장을 통해 '점진적으로'의 뜻은 '전면적으로'와 반대임을 짐작할 수 있습니다.

5 흥선 대원군의 쇄국 정책이 옳은 것이었는가에 대해 토론하였습니다.

6 토론자 2는 흥선 대원군의 쇄국 정책 때문에 천주교 박해에 따른 병인양요가 발생했고, 장기적으로는 일제 강점기까지 맞게 되었으므로 쇄국 정책이 잘못된 것이었다고 주장하였습니다.

7 토론자 1과 토론자 3은 토론 주제에 대해 그렇다고 찬성하는 입장, 토론자 2와 토론자 4는 토론 주제에 대해 반대하는 입장입니다.

8 (1)과 (3)은 토론 주제에 대해 '아니다'라고 생각하는 입장입니다.

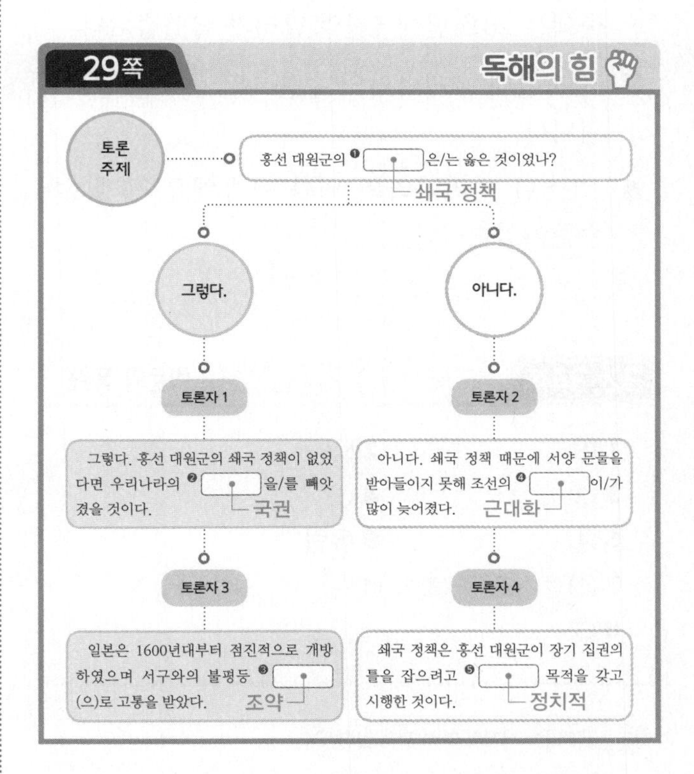

❸ 토론자 3은 일본도 서구와의 불평등 조약으로 불편을 겪었다고 하였습니다.

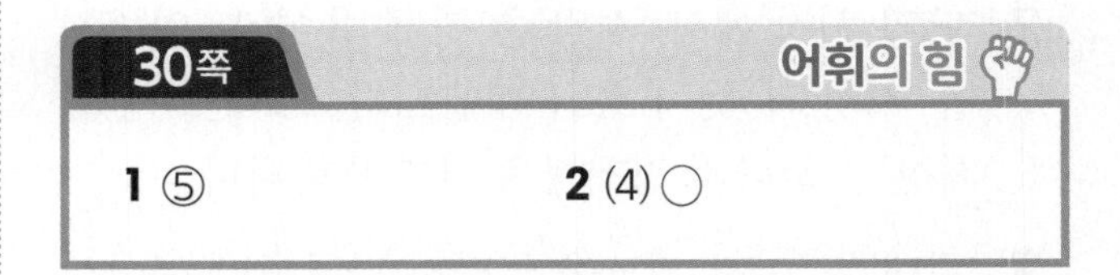

1 잘못을 한 상태에서 또 실수를 하여 화를 키운 경우를 구별해 봅니다.

2 등화가친은 '독서'와 관련이 있는 사자성어입니다.

사회 | 세계의 여러 경제 협력체

31쪽 배경지식의 힘

1 ㉡✓　2 ㉡✓
3 ㉢✓　4 ㉠✓

동영상 제목: **폐허에서 일으킨 한강의 기적**

1 1955년 55달러에 불과하던 우리나라의 1인당 국민 소득은 2015년에 28,180달러에 달했습니다.

2 1956년 2500달러에 불과하던 우리나라의 수출액은 2014년에 5천억 달러가 넘었습니다.

3 1990년대 우리나라의 수출 1위 품목은 반도체입니다.

4 2015년 우리나라의 외환 보유액은 세계 6위 수준이었습니다.

32~34쪽 비문학 독해

1 ⑤　2 ㊃
3 ③　4 ⑤
5 ④　6 유럽
7 (1) ○ (2) ○ (3) × (4) ○
8 ③

글 제목: **세계의 여러 경제 협력체**

1 '개발 도상국'은 개발하는 도중에 있는 나라라는 뜻으로 추론하는 것이 가장 알맞습니다.

2 '단일 시장'에서 '시장'은 경제 용어로, 일반적인 '시장'과 뜻이 조금 다릅니다. 그래서 '단일 시장'은 하나의 경제적 무대를 뜻합니다.

3 '채택'은 '어떤 제도를 골라서 다루거나 뽑아서 쓴다'는 뜻으로 추론하는 것이 알맞습니다.

4 '발족'의 앞뒤에 어떤 말이 쓰였는지, 문장에서 주체가 되는 말이 무엇인지 살피며 뜻을 추론할 수 있습니다.

5 세계에서 경제 발전이 잘 이루어진 나라들이 모인 협력체는 '경제 협력 개발 기구'입니다. 우리나라는 1996년 12월 12일에 가입하였습니다.

6 프랑스, 독일, 이탈리아, 벨기에, 헝가리는 모두 유럽 연합의 회원국입니다.

7 경제 성장과 개발 도상국에 대한 원조, 무역의 확대 등을 목적으로 만들어진 협력체는 '경제 협력 개발 기구'입니다.

8 아시아 태평양 경제 협력체를 줄여서 APEC이라고 합니다.

35쪽 독해의 힘

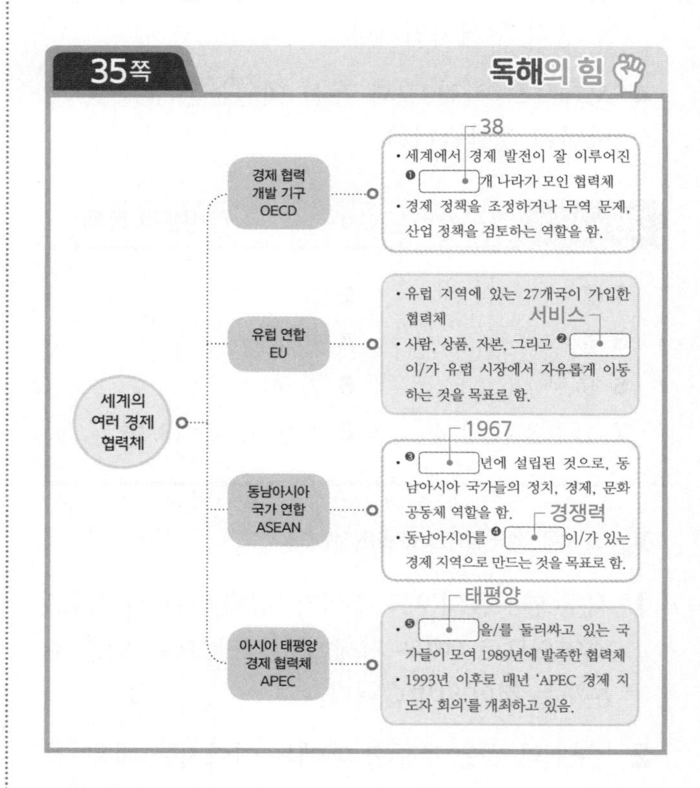

36쪽 어휘의 힘

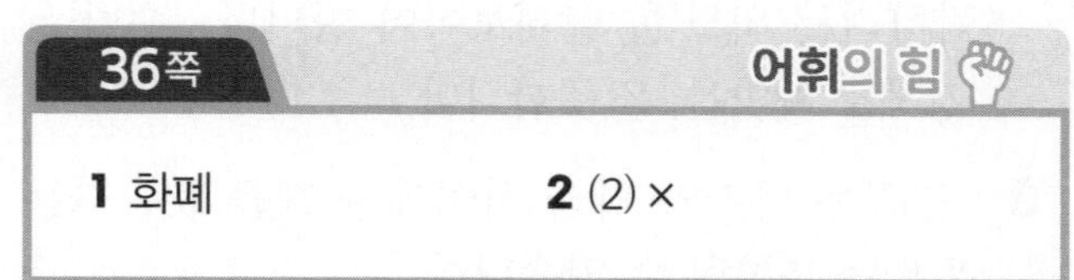
1 화폐　2 (2) ×

1 빈칸에 들어갈 알맞은 어휘는 '화폐'입니다.

2 물건과 물건을 서로 맞교환하는 것을 '물물 교환'이라고 하는데, 화폐가 발달하면서 물물 교환은 보기 어려워졌습니다.

문해력 | 대상에 대한 정보를 정리하며 읽기

42쪽 문해력 연습

1 (1) ◯
2 (2) ◯
3 (1) 화산 활동으로 생긴 섬이다.
(2) 경사가 가파르다.

1 국가의 주요 권력 세 가지에 대해 설명하고 있는 문장입니다. '국가 권력 – 입법, 행정, 사법'과 같이 정리할 수 있습니다.

2 철새에는 여름새와 겨울새가 있고, 여름새에는 제비나 두견, 겨울새에는 기러기, 두루미가 있으므로 다음과 같은 포함 관계를 가집니다.

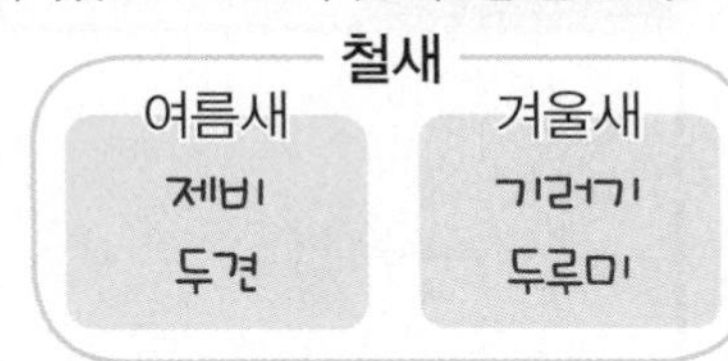

3 제주도와 울릉도의 공통점과 차이점에 대해 설명한 문장입니다. 모두 화산 활동으로 생긴 섬이지만 제주도 지형은 완만하고 울릉도는 경사가 가파르다는 차이점이 있습니다.

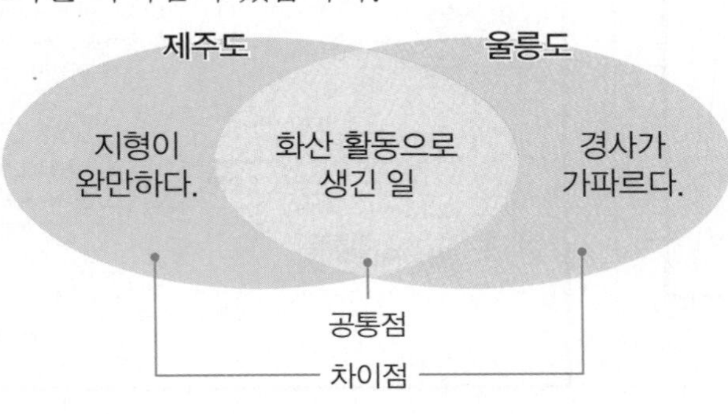

이 주의 문해 기술 정리하기

○ 대상에 대한 정보를 정리하는 방법은?

❶ 글이나 문장의 주요 내용을 사진 찍듯이 그림이나 도식으로 정리해요.

❷ 뜻이나 개념 정리하기

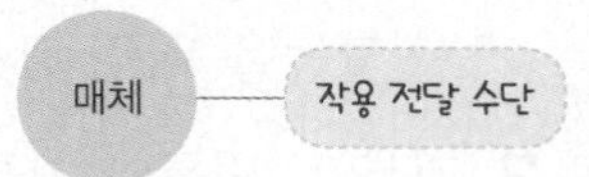

❸ 종류나 예, 포함 관계 정리하기

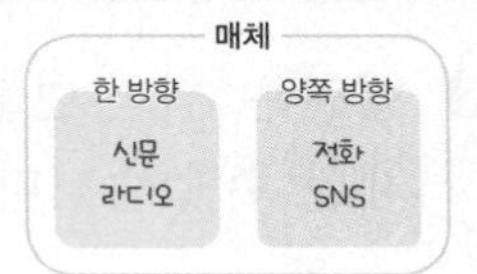

❹ 두 대상을 비교하는 내용 정리하기

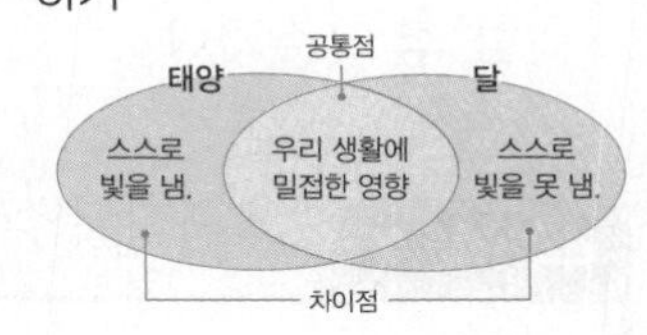

대상에 대한 정보를 표나 도식으로 정리하면 그 내용을 보다 정확하게 오랫동안 기억할 수 있어요!

43쪽 배경지식의 힘

1 ㉡✓ 2 ㉡✓
3 ㉡✓ 4 ㉡✓

동영상 제목: **국회, 정부, 법원의 견제 활동**

1 국회가 정부의 국정 전반에 관하여 행하는 감사 활동을 '국정 감사'라고 합니다.

2 정부는 '법률안 거부권 행사'를 통해 국회를 견제할 수 있습니다.

3 법원은 '위헌 법률 심판 제청'을 통해 국회를 견제할 수 있습니다.

4 정부, 국회, 법원이 서로를 견제하며 균형 있는 정치를 하면 국민의 자유와 권리를 더 잘 보장할 수 있습니다.

44~46쪽 비문학 독해

1 ②, ⑤ 2 ③
3 (1) 전제 군주제 (2) 공화제
4 ③ 5 ④
6 ㉰ 7 ①, ②
8 권력

글 제목: **세계 여러 나라의 정치 제도**

1 영국, 사우디아라비아, 브루나이, 오만 등에는 국왕이 있습니다.

2 한 나라의 행정부를 이끄는 대표가 대통령인 경우는 '대통령제', 총리인 경우는 '의원 내각제'에 해당합니다.

3 권력의 원천이 국왕이면 전제 군주제, 권력의 원천이 국민이면 공화제에 해당합니다.

4 우리나라는 하나의 의회를 두고 운영하므로 '단원제'에 해당합니다. 미국은 상원과 하원 두 군데로 의회를 운영하는 '양원제' 국가입니다.

5 세계 여러 나라의 정치 제도에 대해 설명하는 글입니다.

6 전제 군주제를 실시하는 나라에는 사우디아라비아, 브루나이, 오만 등이 있습니다.

7 우리나라에서는 공화제와 대통령제가 이루어지고 있습니다.

8 전제 군주제 국가는 국왕에게 절대적인 권력이 있기 때문에 의회가 없습니다.

47쪽 독해의 힘

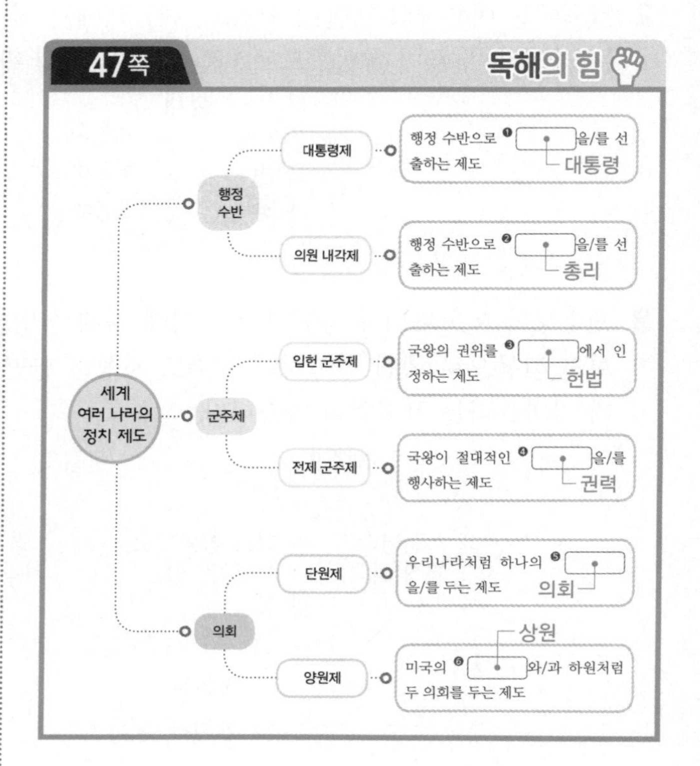

48쪽 어휘의 힘

1 (1) × (2) × (3) ○ 2 (1) 치렀다 (2) 담갔다
3 (1) 담그고 (2) 치르고

1 '담궜더니'는 '담갔더니'로, '치루라고'는 '치르라고'로 고쳐야 알맞습니다.

3 '담구고'는 '담그고', '치루고'는 '치르고'로 고쳐야 알맞습니다.

과학 | 태양계의 행성들

49쪽 배경지식의 힘

1 ㉡✓ 2 ㉡✓
3 ㉡✓ 4 ㉡✓

동영상 제목: **태양과 달, 크기가 똑같아 보인다고요?**

1 태양의 반지름은 약 지구의 109배 정도로 몹시 큰 천체입니다.

2 달의 반지름은 약 1740킬로미터 정도로 지구보다 작은 위성입니다.

3 거리가 멀어질수록 물체의 크기는 점점 작아 보입니다.

4 태양과 달의 크기가 비슷해 보이는 까닭은 태양이 달보다 엄청나게 크지만 거리도 엄청나게 멀리 떨어져 있기 때문입니다.

50~52쪽 비문학 독해

1 ② 2 ③
3 ① 4 (1) ○ (2) ○ (3) ×
5 ⑤ 6 ④
7 토성

글 제목: **태양계의 행성들**

1 글에서 설명한 내용에 따라 그림과 같이 정리한다면 빈칸에 들어갈 말은 '크기'가 알맞습니다. 밝기나 밀도, 나이, 온도 등은 주어진 글만으로는 알 수 없습니다.

2 지구형 행성으로는 수성, 금성, 지구, 화성이 있고, 목성형 행성으로는 목성, 토성, 천왕성, 해왕성이 있습니다.

3 천왕성과 해왕성은 태양에서 아주 멀리 떨어져 있고, 몹시 차가운 얼음 행성입니다.

4 수성은 태양계에서 가장 작은 행성으로, 평균 온도가 매우 뜨겁고 공기가 희박합니다. 그리고 수성은 태양에 가장 가까이 있습니다.

5 금성은 매우 밝아서 옛날부터 '샛별'이라고 불리기도 했습니다. 또 금성에서는 온실 효과가 몹시 강하게 일어나서 표면 온도가 대단히 높습니다.

6 화성의 흙에는 산화철 성분이 많이 들어 있어서 붉어 보인다고 하였습니다.

7 아름다운 고리를 가진 행성 중 태양계에서 두 번째로 큰 행성은 '토성'입니다.

53쪽 독해의 힘

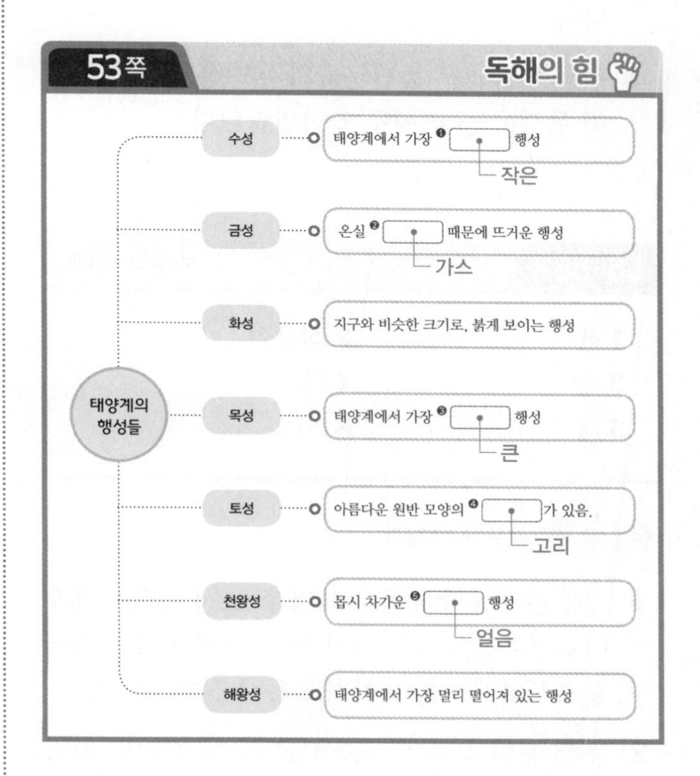

54쪽 어휘의 힘

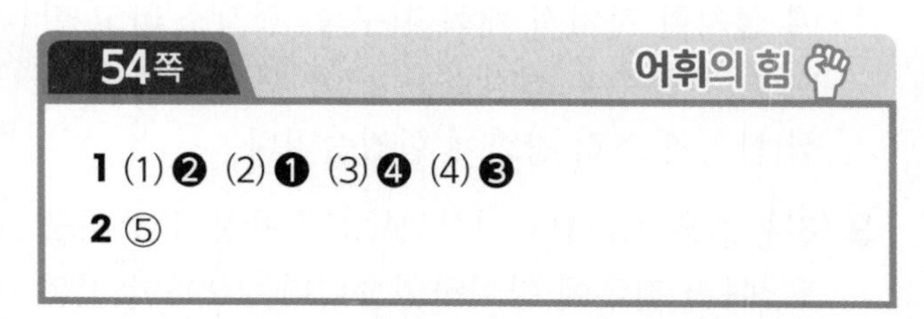

1 (1) ❷ (2) ❶ (3) ❹ (4) ❸
2 ⑤

1 (1)은 계급장, (2)는 우주의 천체를 뜻합니다. (3)은 부딪쳤을 때 보이는 것, (4)는 위대한 사람을 비유적으로 이르는 말입니다.

55쪽 **배경지식의 힘**

1 ㉡✓	2 ㉡✓
3 ㉠✓	4 ㉠✓

동영상 제목: **동학 농민군의 비밀 무기**

1 흰 무명옷을 입은 농민군이 산속에 아주 많이 있었기 때문에 산이 흰색처럼 보였습니다.

2 대나무를 비스듬히 잘라 만든 무기를 '죽창'이라고 합니다.

3 대나무로 만든 원통형의 닭장을 '장태'라고 합니다.

4 전봉준 장군은 농민군들의 두려움을 없애기 위해 옷섶을 물고 싸우게 하였습니다.

56~58쪽 **비문학 독해**

1 ④	2 집강소
3 ③	4 ③
5 ③	6 (1) ×

글 제목: **녹두 장군 전봉준**

1 전봉준이 동학에 몸을 담기 전 조선 사회는 매우 어수선하였습니다. 개항 이후 외세가 많이 들어왔고 탐관오리들의 착취도 몹시 심했습니다.

2 동학 농민 운동 때 동학 농민군이 전라도 지방에 설치한 자치적 개혁 기구를 '집강소'라고 합니다. 전봉준은 집강소를 20여 개 설치하며 민심 안정과 조직 강화에 힘썼습니다.

3 전봉준은 1894년 고부 봉기를 앞장서서 이끌고, 여러 전투에 참여하였습니다. 1895년 전봉준은 재판을 받고 사형에 처해졌습니다.

4 '녹두'는 전봉준의 체구가 작아서 생긴 별명입니다.

5 전봉준은 고부 봉기를 이끌면서 관아의 무기를 빼앗고 부패한 관리들을 붙잡았습니다. 그리고 가난한 농민들에게 관아에서 나온 곡식을 나누어 주었습니다. 고부 군수 조병갑은 도망쳤다고 하였으므로 ③이 틀린 내용입니다.

6 전봉준이 사형을 당하기 전에 남긴 시를 보면 백성을 사랑하는 마음, 나라를 위하는 마음이 잘 드러납니다. 자신의 출세를 위해 동학 농민 운동에 참가하였다는 평가는 적절하지 않습니다.

59쪽 **독해의 힘**

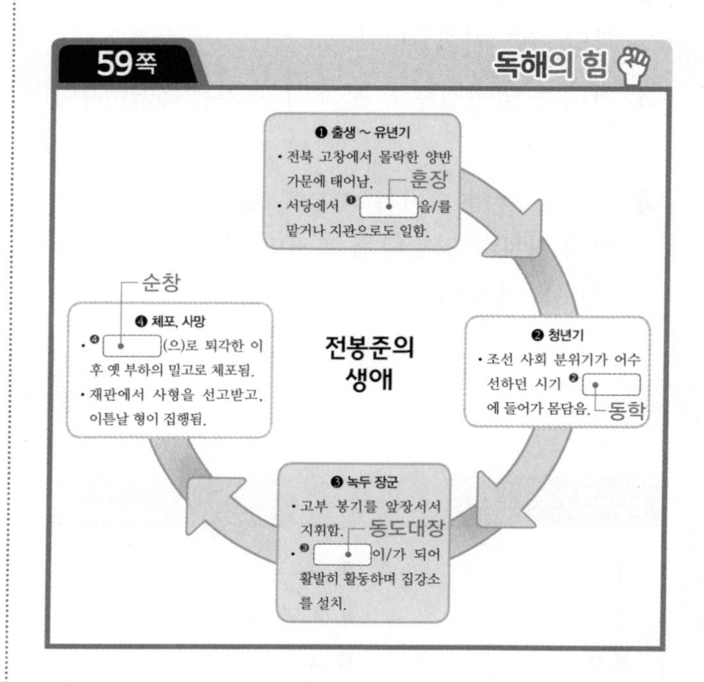

❶ 전봉준은 서당에서 훈장을 맡거나 지관으로도 일을 했습니다.

❸ 전봉준은 동학에 들어가 동도대장이 되어 활발히 활동하였습니다.

60쪽 **어휘의 힘**

1 ③	2 혜윤

1 아무리 좋은 일이라도 당사자의 마음이 내키지 않으면 억지로 시킬 수 없는 경우는 ③입니다.

2 남의 덕으로 우쭐대는 모양을 비유적으로 이를 때 '사또 덕에 나팔 분다'를 사용합니다.

과학 | 열이 전달되는 세 가지 방식

61쪽 배경지식의 힘

1 ㉡✓	2 ㉡✓
3 ㉠✓	4 ㉠✓

동영상 제목: **열기구는 어떻게 하늘을 나는 걸까?**

1 세계 최초로 열기구를 만든 사람은 몽골피에 형제입니다.

2 열기구의 공기 주머니는 뜨거운 공기를 가두어 두는 역할을 합니다.

3 열기구의 연소 장치는 공기 주머니의 공기를 따뜻하게 데우는 역할을 합니다.

4 열기구는 따뜻한 공기가 위로 올라가는 성질을 이용하여 위로 떠오릅니다.

62~64쪽 비문학 독해

1 ①	2 ③
3 ④	4 (1) 진공 (2) 전자기파
5 ④	6 ㉢

글 제목: **열이 전달되는 세 가지 방식**

1 전도 현상은 두 물체 사이의 온도 차이에 의해 일어납니다. 하나의 물체 내에서도 온도 차이가 있으면 열이 높은 쪽에서 낮은 쪽으로 이동하며 일어날 수 있습니다.

2 난로를 피우면 따뜻한 공기는 위로 올라가고 차가운 공기는 아래로 내려오는데 이러한 과정이 되풀이 되면서 방 전체가 따뜻해지는 것은 '대류' 현상입니다.

3 끓는 냄비 속의 물에서 대류 현상이 일어나는 원인은 온도에 따른 밀도 차이 때문입니다. 밀도가 낮으면 위로, 밀도가 높으면 아래로 내려가는 성질에 의해 대류 현상이 일어납니다.

4 진공 상태인 우주에서 전자기파 형식으로 열이 전달되는 것을 정리한 내용입니다.

5 열이 전달되는 세 가지 방식에 대해 설명한 글입니다.

6 열이 전달되는 세 가지 방식을 가장 잘 간추린 것은 ㉢입니다.

65쪽 독해의 힘

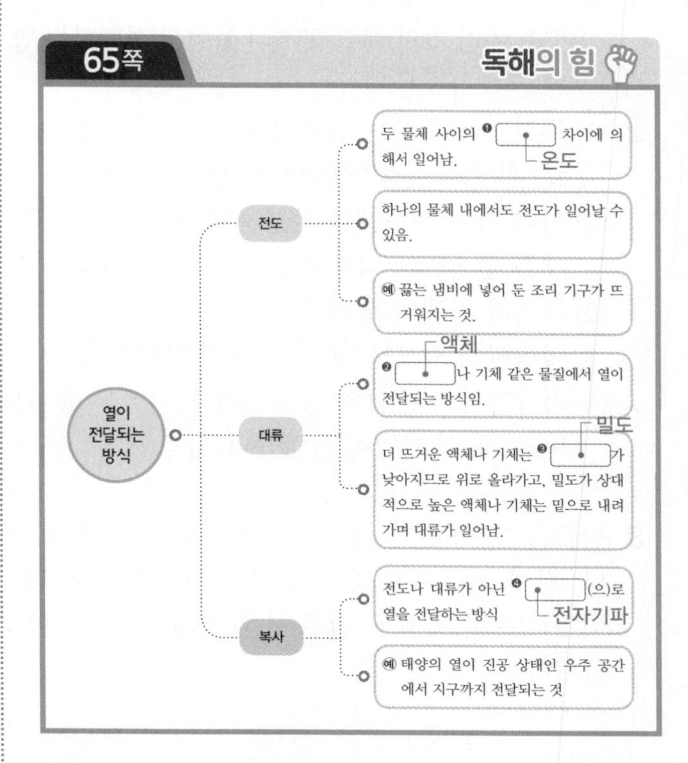

❹ 전자기파 형식으로 열이 전달되는 현상을 '복사'라고 합니다.

66쪽 어휘의 힘

1 (3)○	2 정재

1 입술이 없으면 이가 시리다는 뜻의 '순망치한'은 친구가 한 명이라도 부족하면 아쉬운 상황에 쓸 수 있습니다.

2 정재가 열이 날 때 땀을 낸다는 뜻으로 이열치열을 알맞게 사용하였습니다.

문해력 | 글의 짜임을 파악하며 읽기

72쪽 문해력 연습

1 (1) 분석 (2) 분류
2 (1) 원인과 결과 (2) 분류
(3) 분석 (4) 비교 대조
3 ③

1 꽃을 꽃잎, 꽃받침, 암술, 수술 등의 부분으로 나누어 설명하는 방식은 분석이고, 여러 가지 계절 꽃끼리 묶어서 설명하는 방식은 분류가 됩니다.

2 (1) 무질서한 주차는 원인이 되고, 그에 따른 교통사고는 결과가 되므로 '원인과 결과'의 짜임이 알맞습니다.
(2) 여러 가지 문화재를 유형 문화재와 무형 문화재별로 묶어서 그 종류를 설명하게 되므로 '분류' 짜임이 알맞습니다.
(3) 코끼리 전체의 생김새를 머리, 몸통, 다리의 작은 부분으로 나누어 설명하게 되므로 '분석' 짜임이 알맞습니다.
(4) 화강암과 현무암의 공통점과 차이점을 중심으로 설명하게 되므로 '비교 대조' 짜임이 알맞습니다.

3 한글을 '분석'한 글 중 '자음자를 만든 원리'에 대해 설명한 부분입니다. 전체 글의 내용 중 '자음자를 만든 원리'가 작은 부분에 해당하므로 이와 비슷한 또 다른 작은 부분으로는 '모음자를 만든 원리'가 올 수 있습니다.

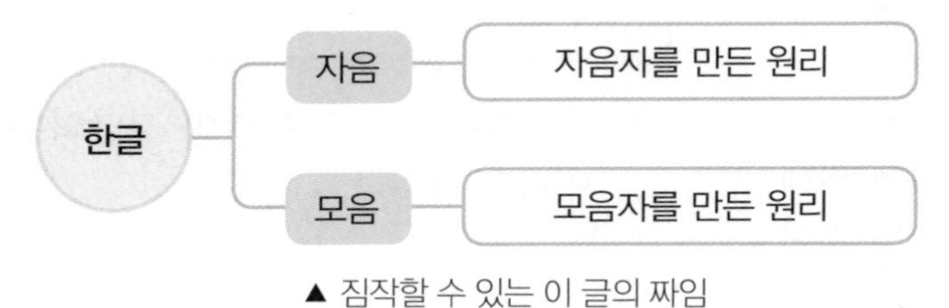

▲ 짐작할 수 있는 이 글의 짜임

이 주의 **문해 기술** 정리하기

글의 짜임이란?

글 전체의 내용 구성.
글의 각 부분들이 전개되는 모양이나 구조.

글의 짜임에 따른 읽기 방법

❶ 분석: 각 부분의 특성을 전체적인 모습과 관련지으며 읽어요.
❷ 분류: 분류 기준이 무엇인지, 같이 묶은 대상은 무엇인지 파악하며 읽어요.
❸ 원인과 결과: 어떤 현상이나 사건이 왜 일어나고 그 순서가 어떠한지 파악하며 읽어요.
❹ 비교 대조: 두 대상의 공통점과 차이점을 정리하며 읽어요.

글의 짜임을 파악하면 글 전체의 내용을 머릿속에 쉽게 정리할 수 있어요!

사회 | 세금의 종류

73쪽 배경지식의 힘

1 ㉠✓ 2 ㉢✓
3 ㉠✓ 4 ㉡✓

동영상 제목: **세금은 어떻게 거두어들이나요?**

1 정부는 세금을 바탕으로 공원, 공공 도서관, 박물관 등을 짓고 유지하고 있습니다.

4 우리가 세금을 내지 않는다면 우리에게 필요한 여러 시설을 만들지 못하고, 결국 우리 삶의 질이 떨어지게 됩니다.

75~76쪽 비문학 독해

1 ① 2 ④
3 재호 4 ③
5 부가 가치세 6 보통세에 ×표

글 제목: **세금의 종류**

1 세금을 매기는 곳이 어디인지에 따라 중앙 정부에 내는 세금인 국세와 지방 자치 단체에 내는 세금인 지방세로 나눌 수 있습니다.

2 내국세는 세금을 사용하는 목적에 따라 일반적인 나라 살림을 위해 쓰이는 보통세와 특별한 목적을 위해 쓰이는 목적세로 나눌 수 있습니다.

3 은하가 말한 부가 가치세는 간접세에 포함되고 세민이가 말한 교육세와 농어촌 특별세는 목적세에 해당합니다.

4 교육 발전을 위해 부과되는 교육세는 목적세에 해당합니다.

5 물건을 살 때 가격 속에 이미 포함되어 있는 것은 부가 가치세입니다.

6 농어촌 발전을 위해 부과되는 농어촌 특별세는 목적세에 해당합니다.

77쪽 독해의 힘

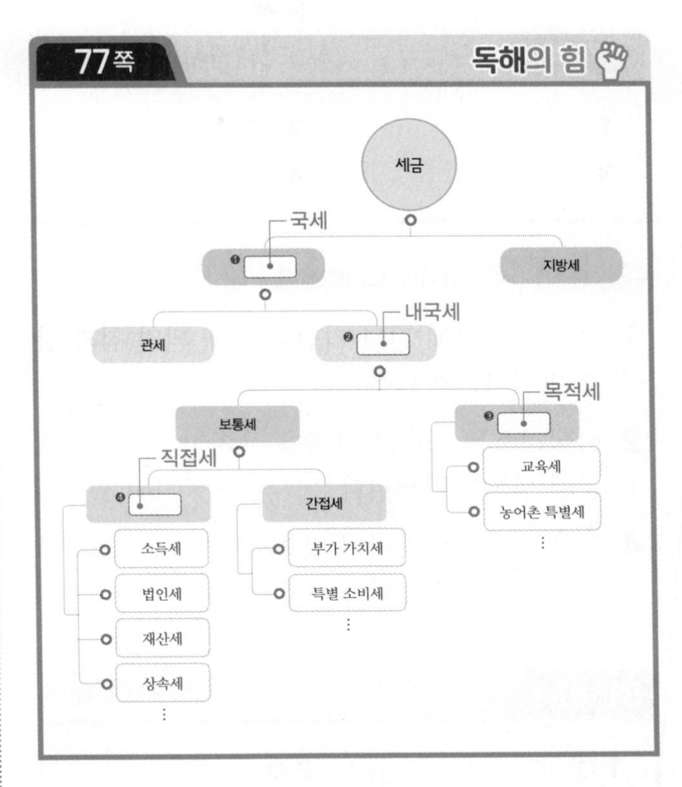

❶ 세금은 세금을 매기는 곳에 따라 국세와 지방세로 나눌 수 있습니다.

❸ 내국세는 사용 목적에 따라 보통세와 목적세로 나눌 수 있습니다.

❹ 보통세는 세금을 내는 방법에 따라 직접세와 간접세로 나눌 수 있습니다.

78쪽 어휘의 힘

1 (1) 말로써 (2) 대표로서
2 (1) 로써 (2) 로서 (3) 로써

1 (1) 어떤 일의 수단을 뜻하는 '말로써'가 들어가는 것이 알맞습니다.
(2) 자격을 뜻하는 '대표로서'가 들어가는 것이 알맞습니다.

2 지위나 신분, 자격을 나타낼 때에는 '로서'가, 어떤 물건의 재료나 원료 또는 어떤 일의 수단이나 도구를 나타낼 때에는 '로써'가 알맞습니다.

79쪽 **배경지식의 힘**

1 ㉡✓ 2 ㉡✓
3 ㉡✓ 4 ㉠✓

동영상 제목: **독감 바이러스, 네 정체를 밝혀라!**

1 우리가 독감에 걸려 기침을 하게 되면 침과 함께 바이러스가 나옵니다.

2 바이러스는 스스로 생활을 유지할 수 없기 때문에 생물이 아닙니다.

4 독감 바이러스를 막기 위해서는 마스크 쓰기와 손 씻기가 중요합니다.

81~82쪽 **비문학 독해**

1 ① 2 ①
3 (1)○ 4 ②
5 (1) 독감 (2) 감기 (3) 독감 (4) 감기
6 영우

글 제목: **독감 예방 주사를 맞아도 감기에 걸리는 이유는?**

1 감기와 독감의 원인에 대하여 설명하는 부분입니다. 감기와 독감은 바이러스에 의해 생긴다는 공통점이 있지만 감기는 200여 개가 넘는 종류의 바이러스에 의해 생기고, 독감은 인플루엔자 바이러스에 의해 생깁니다.

2 감기는 200여 개가 넘는 종류의 바이러스에 의해 생기기 때문에 그에 맞는 예방 백신을 만들 수 없다고 하였습니다.

3 ㉮에는 두 대상의 공통점이 들어가야 합니다. 감기와 독감의 공통점으로는 올바른 생활 습관으로 예방할 수 있다는 내용이 알맞습니다.

4 감기와 독감의 원인 바이러스가 서로 다르기 때문에 독감 백신을 맞아도 감기에 걸릴 수 있습니다.

5 감기와 독감에 대한 내용을 살펴봅니다.

6 감기가 심해지면 독감이 된다고 한 영우의 말은 알맞지 않습니다. 감기와 독감은 원인 바이러스가 다르기 때문에 서로 다른 질병입니다.

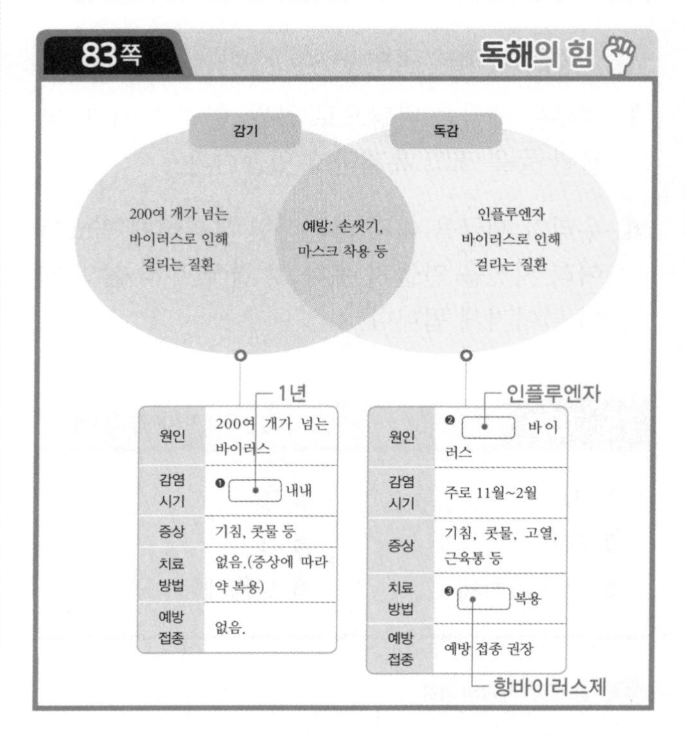

❶ 감기는 1년 내내 계절에 상관없이 면역력이 떨어지면 걸릴 수 있습니다.

❷ 독감은 인플루엔자 바이러스에 의해 생기는데, 예방 백신이 만들어져 60~90% 정도 예방이 가능합니다.

❸ 독감은 자연 면역력만으로 낫기가 어렵기 때문에 항바이러스제를 사용해 치료해야 합니다.

2 ④는 친구와 내 생각이 서로 같지 않아서 힘들었다는 내용의 문장이기 때문에 '친구와 내 생각이 서로 달라서 많이 힘들었다.'라고 쓰는 것이 알맞습니다.

한국사 | 임오군란과 갑신정변

85쪽 배경지식의 힘

1 ㉠✓	2 ㉠✓
3 ㉠✓	4 ㉢✓

동영상 제목: **갑신정변, 그날의 사람들 그리고 선택**

1 갑신정변은 급진 개화파가 조선의 독립과 근대화를 위해 일으킨 정변이었습니다.

2 갑신정변은 엘리트들의 개혁, 위로부터의 개혁이라는 평가를 받고 있습니다.

87~88쪽 비문학 독해

1 (1) 2 (2) 1 (3) 3	2 ①
3 (1) ◯	4 (1) ㉡ (2) ㉠
5 ㉠	6 (3) ◯

글 제목: **임오군란과 갑신정변**

1 조선이 새로운 문화를 받아들인 것이 첫 번째, 구식 군대의 군인들이 난을 일으킨 것이 두 번째, 급진 개화파가 정변을 일으킨 것이 세 번째로 일어난 일입니다.

2 구식 군대에게 지급된 쌀에 모래와 곡식의 껍질이 섞여 있어서 화가 난 구식 군대의 군인들이 난을 일으켰는데, 이를 임오군란이라고 합니다.

3 청나라의 개입으로 임오군란을 진압하게 되어 조선은 청의 간섭을 받아야 했고, 청의 간섭이 심해졌기 때문에 급진 개화파가 갑신정변을 일으켰습니다.

4 차별받던 구식 군대가 난을 일으킨 것이 임오군란, 급진 개화파가 정변을 일으킨 것이 갑신정변입니다.

5 갑신정변은 청나라 군대의 개입으로 3일 만에 끝나고 말았습니다.

6 갑신정변은 실패했지만 자주적인 근대 국가 수립을 위한 최초의 근대화 운동이었다는 것과 그 내용이 탐관오리의 처벌이나 신분 제도 폐지 등 일반 백성들의 입장을 반영한 것이었다는 점에서 큰 의미가 있습니다.

89쪽 독해의 힘

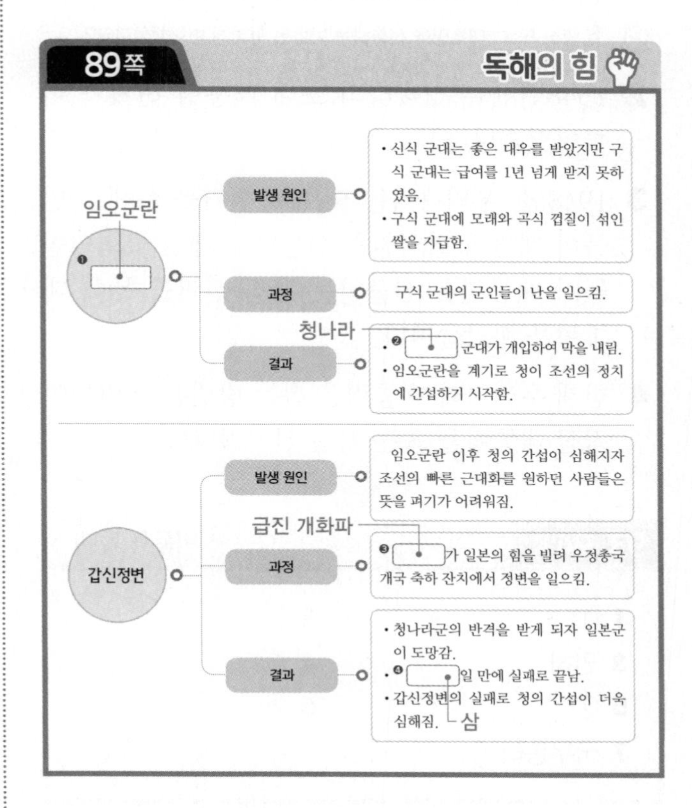

❶ 임오군란에 대하여 정리한 내용입니다.

❷ 임오군란은 청나라 군대가 개입하여 막을 내리게 되었습니다.

❸ 조선에 대한 청나라의 간섭이 심해지자 급진 개화파가 일본의 힘을 빌려 정변을 일으킨 것이 갑신정변입니다.

90쪽 어휘의 힘

1 (1) 일구이언 (2) 십중팔구 (3) 칠전팔기

1 (3) 일곱 번 넘어지고 여덟 번 일어난다는 뜻으로, 여러 번 실패하여도 꾸준히 노력함을 이르는 말인 '칠전팔기'가 들어가는 것이 알맞습니다.

91쪽 **배경지식의 힘**

1 ㉡✓ 2 ㉠✓
3 ㉠✓ 4 ㉡✓

동영상 제목: **대통령을 선출하는 방법은 어떻게 변화했을까요?**

2 1948년에 우리나라의 초대 대통령 선거가 이루어졌습니다.

3 1948년, 우리나라는 5.10 총선거를 통해 국민들이 제헌 국회의원을 선출하고 제헌 국회의원들이 대통령을 선출하는 간접 선거를 통해 대통령을 뽑았습니다.

4 현재 우리나라 대통령을 뽑는 방법은 국민들이 직접 대통령을 뽑는 직접 선거입니다.

6 현재 우리나라 대통령은 5년마다 국민이 직접 선출합니다.

7 국무총리에 대한 설명입니다.

93~94쪽 **비문학 독해**

1 ① 2 ②
3 민하 4 ③
5 ① 6 ㉣
7 국무총리

글 제목: **나라의 살림꾼 행정부**

1 행정부의 구성에 대하여 분석의 짜임으로 설명하는 글입니다.

2 분석은 어떤 대상의 전체를 이루는 부분을 작게 분해하여 설명하는 것이므로 ②의 틀로 정리하는 것이 알맞습니다.

3 행정부를 이루는 구성을 더 작은 부분으로 분해하여 설명하고 있기 때문에 각 부분의 특성을 생각하며 읽는 것이 좋습니다.

4 법을 만드는 것은 입법부의 역할로, 행정부에서 하는 일이 아닙니다. 행정부는 법에 따라 나라를 다스립니다.

5 판사는 사법부에 속한 사람입니다.

95쪽 **독해의 힘**

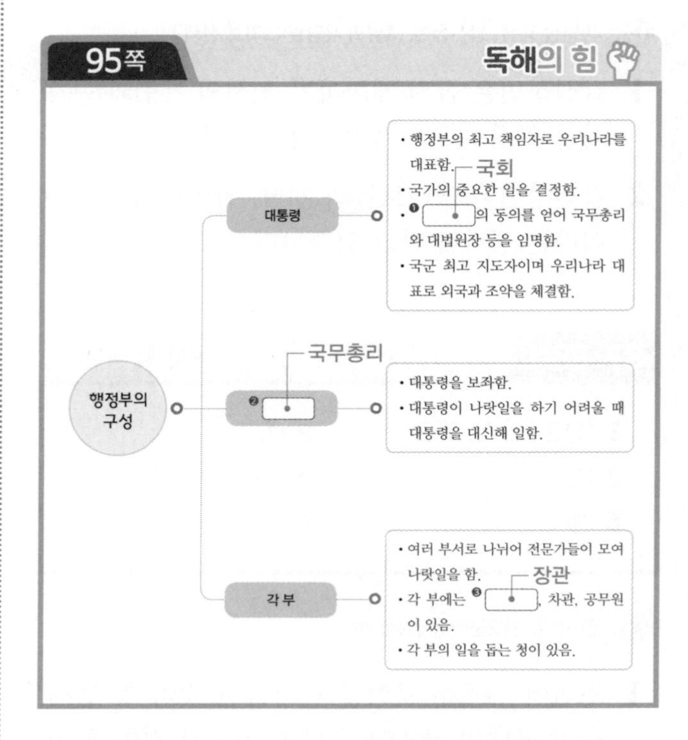

❶ 대통령은 국회의 동의를 얻어 국무총리와 대법원장을 임명할 수 있습니다.

❷ 국무총리는 대통령을 보좌하고 대통령의 지시를 받아 행정부 전체를 이끌어 나갑니다. 대통령이 나랏일을 하기 어려울 때 대통령을 대신해 일하기도 합니다.

❸ 각 부에는 최고 책임자인 장관, 그다음으로 차관, 공무원들이 있습니다.

96쪽 **어휘의 힘**

1 ③ 2 ⑤

2 '나뭇가지'는 [나무까지] 혹은 [나묻까지]로 발음됩니다.

102쪽 문해력 연습

1 ④
2 ④
3 ⑤

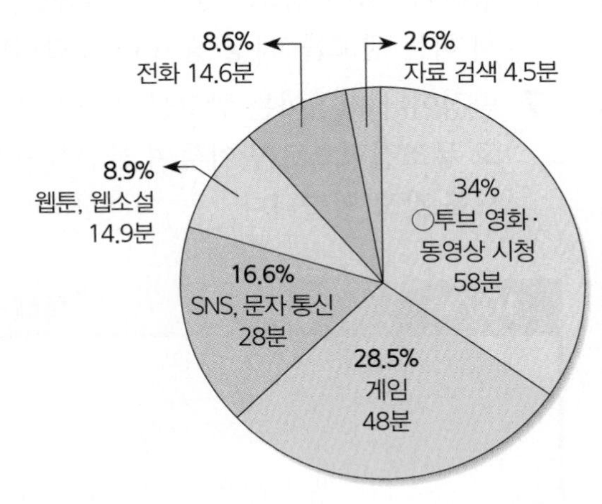

→ 청소년들이 스마트폰을 이용해 하는 일을 조사한 비율 그래프
→ 스마트폰으로 영화, 동영상 시청과 게임을 가장 많이 함.
→ 스마트폰을 주로 여가 시간 활용에 이용하고 있음을 알 수 있음.

1 비율 그래프를 보면 청소년들이 스마트폰으로 하는 일 중 〈◯투브 영화·동영상 시청〉이 58분, 34%로 가장 많은 부분을 차지하고 있음을 알 수 있습니다.

2 그래프에서 〈자료 검색〉은 4.5분, 2.6%로 표시되어 있습니다.

3 청소년들이 스마트폰으로 하는 일 중 가장 많은 부분을 차지하고 있는 것은 〈◯투브 영화·동영상 시청〉과 〈게임〉입니다. 영화 감상, 동영상 시청이나 게임은 휴식과 여가 시간을 즐기는 활동입니다.

이 주의 문해 기술 정리하기

- **여러 가지 자료를 읽는 방법**
  ❶ 표: 가로 항목과 세로 항목이 나타내는 것이 무엇인지 파악하고 읽어요.
  ❷ 포함 관계표: 해당 대상이 어떤 범위를 갖는지 파악하며 읽어요.
  ❸ 비율 그래프: 대상 전체를 100이라고 했을 때 부분 부분들이 어느 정도를 차지하는지 살펴보며 읽어요.
  ❹ 막대그래프: 여러 대상의 양이나 크기를 비교하며 읽어요.

자료가 있는 글은 자료에 대한 설명이 글에 나와 있어요. 글을 먼저 읽고 자료를 살펴보세요.

103쪽 배경지식의 힘

1 ㉡✓　　2 ㉠✓
3 ㉡✓　　4 ㉠✓

동영상 제목: **간접 광고(PPL)란 무엇일까요?**

1 영화나 드라마에 상품을 보여 주어서 제품을 간접적으로 홍보하는 것을 간접 광고(PPL)라고 합니다.

2 광고를 볼 때에는 제품의 품질에 주목해야 합니다.

3 기존의 광고보다 제품을 자연스럽고 지속적으로 볼 수 있기 때문에 간접 광고가 많이 이루어지고 있습니다.

104~106쪽 비문학 독해

1 ⑤　　2 57
3 (3) ○　　4 ①, ④
5 ③
6 (1) ② (2) ①　　7 인성

글 제목: **비판적으로 광고를 보는 눈**

1 허위 광고를 접한 경험이 있다고 답한 사람은 전체의 14%이고, 과장 광고를 접한 경험이 있다고 답한 사람은 전체의 28%입니다.

2 허위 광고, 과장 광고를 겪었거나 광고에서 말하지 않은 결함이 있는 제품을 구매한 경우를 모두 합하면 전체의 57%에 달합니다.

3 우리 반 학생들이 좋아하는 계절의 비율을 원그래프로 나타내면 한눈에 알아보기 좋습니다.

4 광고를 만드는 주체가 기업이며, 광고의 목적도 상품의 판매량을 늘리는 것이므로 광고에 거짓 정보가 담길 가능성이 있습니다.

5 광고에는 사실이 아닌 내용이 있을 수도 있고 실제보다 부풀린 내용도 있을 수 있으므로 광고만 믿다가는 피해를 입을 수도 있습니다. 광고에 단점이 없다는 말은 알맞지 않습니다.

6 사실에 해당하지 않는 자료나 정보를 사용하는 광고를 '허위 광고', 상품의 기능을 더 부풀려서 하는 광고를 '과장 광고'라고 합니다.

7 민정이나 지민이는 광고를 비판적으로 보지 않고 무조건적으로 받아들여 물건을 구입하는 태도를 갖고 있습니다.

107쪽 독해의 힘

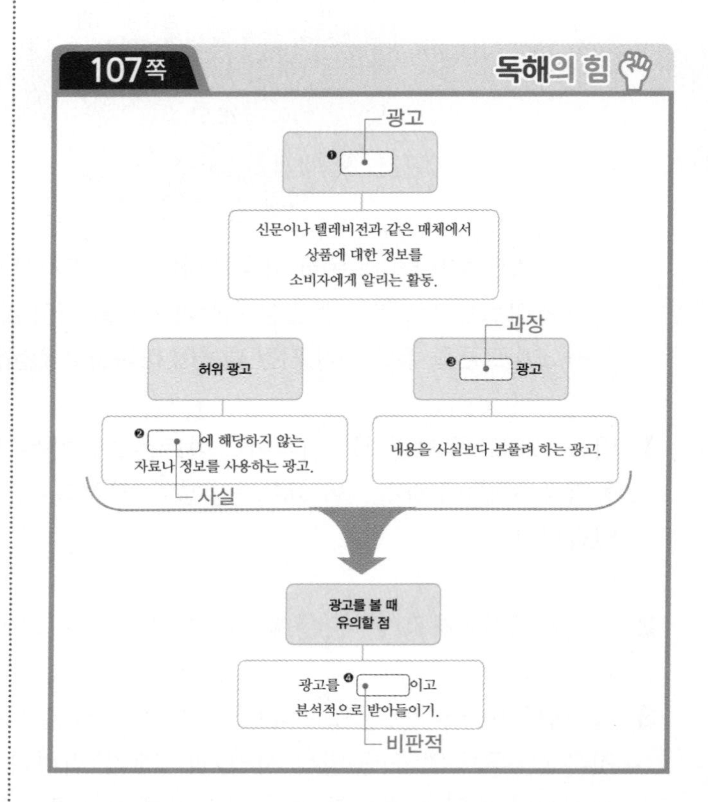

❷ 사실에 해당하지 않는 자료나 정보를 사용하는 광고를 '허위 광고'라고 합니다.

108쪽 어휘의 힘

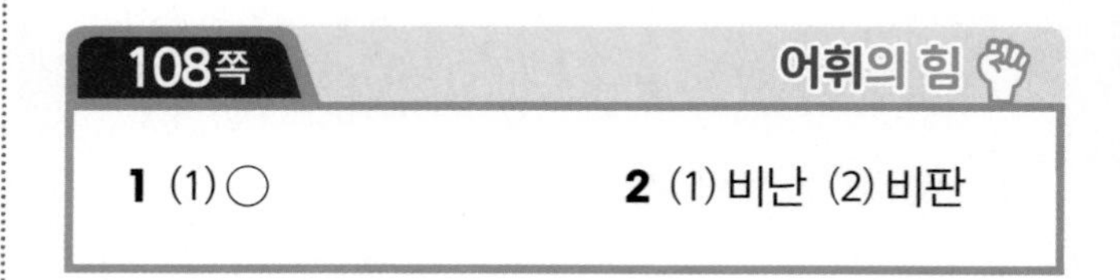
1 (1) ○　　2 (1) 비난 (2) 비판

1 주장하는 글을 비판적으로 읽으면 주장이 타당한지, 뒷받침하는 근거는 적절한지 생각해 볼 수 있습니다.

과학 | 1초 동안 얼마나 움직일 수 있을까?

109쪽 배경지식의 힘

1 ㉠✓ 2 ㉡✓
3 ㉠✓ 4 ㉡✓

동영상 제목: **1초 동안에 얼마나 멀리 갈까요?**

1 1초 동안 각각의 물체들이 이동하는 거리는 모두 다릅니다.

2 달팽이는 1초 동안 약 1.4밀리미터를 이동하였습니다.

3 코끼리와 치타 중 1초 동안 더 먼 거리를 이동하는 동물은 치타입니다.

4 고속 열차보다 초음속 비행기가 더 빠릅니다.

110~112쪽 비문학 독해

1 ③ 2 빠르다
3 ② 4 ③
5 ③ 6 민지
7 (1) 2 (2) 4

글 제목: **1초 동안 얼마나 움직일 수 있을까?**

1 수빈이는 10초 동안 40미터를 이동했고, 정원이는 20초 동안 100미터를 이동했습니다. 정원이의 속력은 초속 5미터입니다.

2 초속 5미터로 달린 정원이가 초속 4미터로 달린 수빈이보다 빠릅니다.

3 자료에서는 '빛'이 가장 빠르다고 나와 있지만 ①~⑤ 중에서는 '로켓'이 가장 빠르다고 할 수 있습니다.

4 로켓은 빛보다 느리고, 성인은 코끼리보다 느립니다. 성인은 100초 동안 약 110미터를 이동할 수 있으며, 표 ㉢은 속력이 느린 것부터 빠른 것 순으로 나열하였습니다.

5 속력은 이동 거리를 걸린 시간으로 나누어서 계산합니다. 두 물체의 속력을 알면 이동 거리와 걸린 시간이 달라도 두 물체의 빠르기를 비교할 수 있습니다.

6 같은 시간 동안에는 먼 거리를 이동할수록 속력이 큽니다. 같은 거리를 움직일 때에는 시간이 적게 걸렸을수록 속력이 큽니다.

7 미니 자동차 A는 2초 동안 4미터를 이동하였으므로 초속 2미터입니다. 미니 자동차 B는 5초 동안 20미터를 이동하였으므로 초속 4미터입니다.

113쪽 독해의 힘

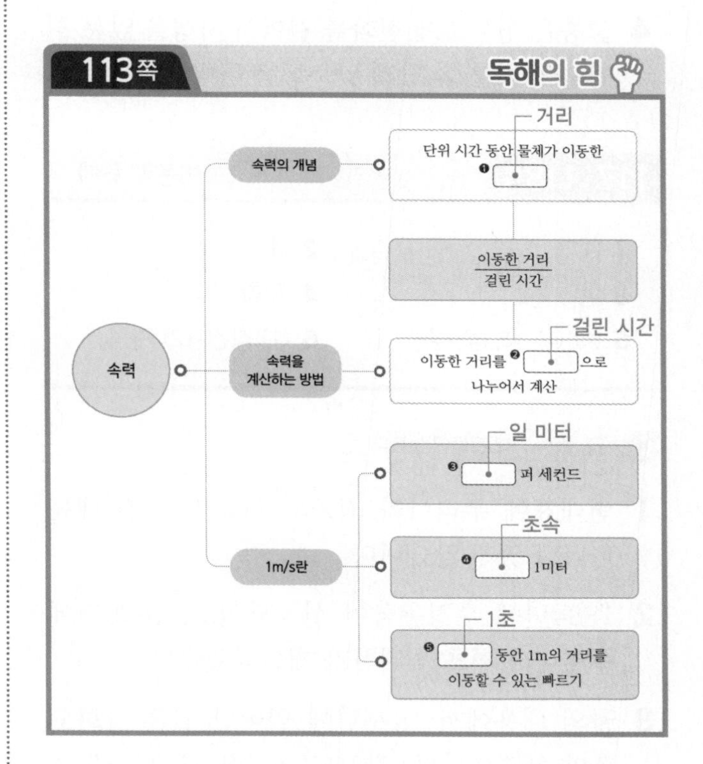

114쪽 어휘의 힘

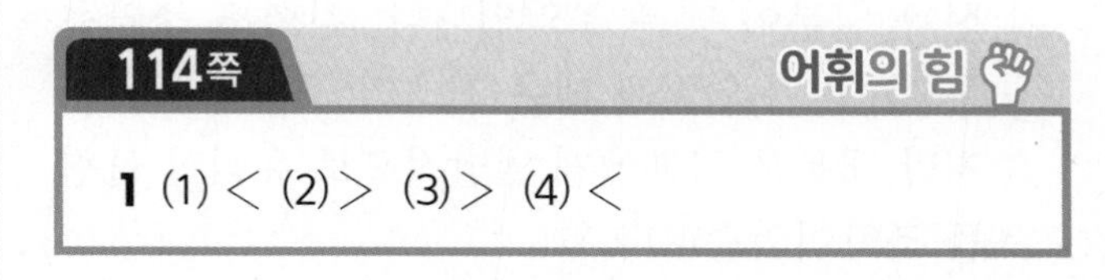
1 (1) < (2) > (3) > (4) <

1 (2) 초속 10미터는 시속 36,000미터이므로 시속 10미터보다 빠릅니다. (3) 초속 1미터는 시속 3,600미터이므로 시속 360미터보다 빠릅니다.

115쪽 배경지식의 힘

1 ㉠✓	2 ㉡✓
3 ㉠✓	4 ㉠✓

동영상 제목: **우리나라 최초의 전화기, 덕률풍**

1 1896년 덕수궁에 설치된 우리나라의 첫 전화기를 '덕률풍'이라고 불렀습니다.

2 전화기는 영문 '텔레폰'을 소리 나는 대로 한자어로 옮겨서 '덕률풍'이라고 불렀습니다.

3 김창수는 김구 선생의 젊었을 때 이름입니다.

4 고종은 형무소에 전화를 걸어서 사형을 앞둔 김창수의 죄를 한 단계 낮추도록 명령했습니다.

117~118쪽 비문학 독해

1 ①	2 ④
3 ④	4 지철
5 ㉮, ㉰, ㉯, ㉱, ㉲	6 (1) 창간 (2) 계몽

글 제목: **근대 문물에 눈뜨다**

1 연대표에 우리나라 최초의 학교가 생긴 때는 나타나 있지 않습니다.

2 1884년에 우정총국이 설치되었고, 1899년에 우리나라 최초의 전차가 개통되었습니다.

3 글의 내용에서 1876년에 일어난 일은 강화도 조약 체결입니다. 강화도 조약은 1876년에 조선과 일본이 맺은 조약입니다. 강화도 조약은 우리나라가 외국과 맺은 최초의 근대적 조약이지만 내용은 일본에게 일방적으로 유리한 불평등 조약이었습니다.

4 연대표는 역사적 사실을 일어난 순서대로 나타낸 표입니다. 친구들이 좋아하는 계절이나 반장 후보자별 득표수는 표나 도표로 나타낼 수 있습니다. 표는 여러 가지 자료의 수량을 비교하기 쉽고, 많은 양의 자료를 간단하게 나타낼 수 있습니다. 도표는 수량의 변화 정도를 알 수 있고, 정확한 수치를 나타낼 수 있습니다.

5 우리나라 최초의 근대 신문 창간(1883년) → 우리나라 최초의 우편 업무 관청 설치(1884년) → 우리나라 최초의 근대식 병원 설립(1885년) → 우리나라 최초의 전기 가설(1887년) → 우리나라 최초의 전차 개통(1899년)

6 • 창설: 기관이나 단체 따위를 처음으로 차림.
• 길몽: 좋은 일이 생길 것 같은 꿈.
• 창립: 기관이나 단체 따위를 새로 만들어 세움.

119쪽 독해의 힘

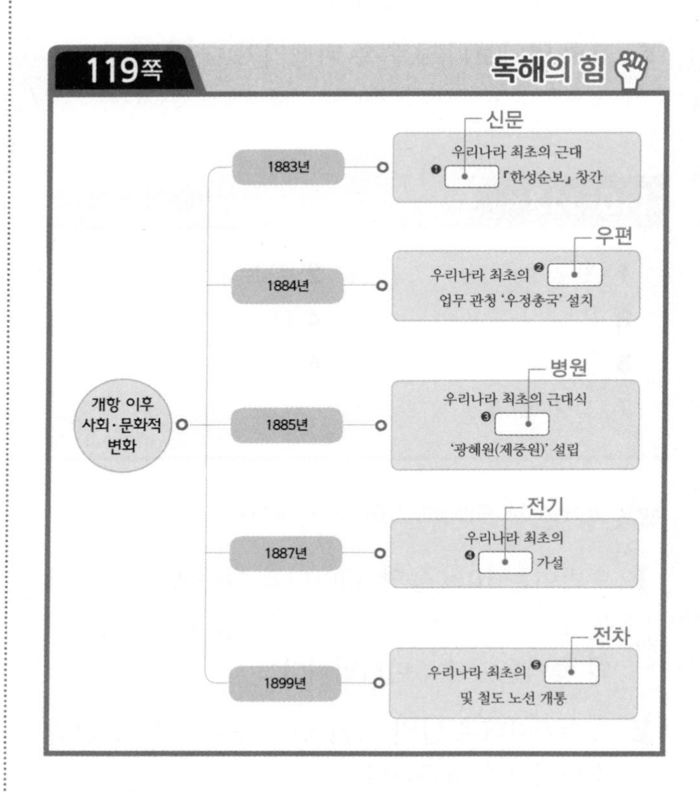

120쪽 어휘의 힘

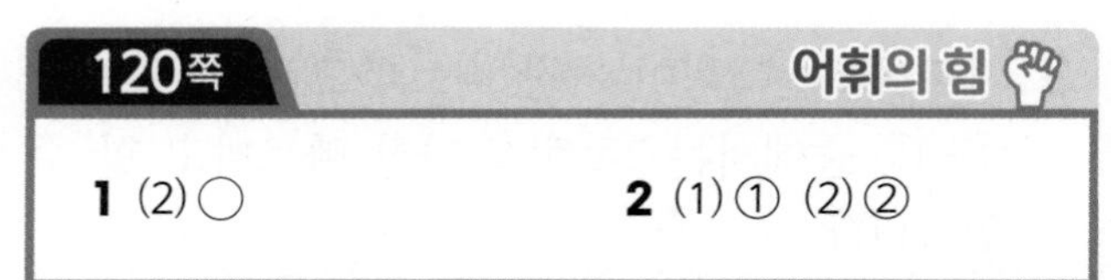

1 (2) ○	2 (1) ① (2) ②

1 (1) 작년에 국어 실력이 눈에 띄게 늘었다.

2 (1) 술래의 눈에 띄지 않게 도망 다녔다.
(2) 장미가 붉은빛을 띠었다.

121쪽 배경지식의 힘

1 ㉠✓ 2 ㉠✓
3 ㉡✓ 4 ㉠✓

동영상 제목: **습도를 낮추는 깨알 TIP**

1 염화 칼슘은 주변 습기를 빨아들이는 성질이 있습니다.

3 응결은 기체인 수증기가 액체인 물이 되는 현상입니다. 수증기가 찬 물체의 표면에 닿거나 공기의 온도가 내려가면 응결이 일어납니다.

4 공기 중의 수증기가 물이 되면 공기에 포함된 수증기량이 감소해 습도가 낮아집니다.

123~124쪽 비문학 독해

1 ② 2 ①
3 정한 4 ⑤
5 (3) ○
6 (1) 습도 (2) 증발 (3) 쾌적

글 제목: **습도와 불쾌지수**

1 불쾌지수는 습도가 높을수록 높습니다.

2 불쾌지수가 높을수록 불쾌감을 느끼기 쉽습니다.

3 불쾌지수가 80 이상이면 여름철과 같이 습도가 높은 날씨이고, 모든 사람이 불쾌감을 느끼는 정도라고 합니다. 그러므로 이런 날에 사람들과 모여서 야외 활동을 하기에는 알맞지 않습니다. 불쾌지수가 60 정도인 날은 봄, 가을과 같이 시원하고 습도가 낮으며 전원 쾌적함을 느끼므로 야외 활동을 하기에 좋습니다.

4 증발이 잘 일어나는 날은 공기 중에 있는 수증기의 양이 적고, 기온이 높은 날입니다. 이러한 날은 건조한 날이므로 습구 온도가 낮게 나옵니다.

5 (1) 여름철 무덥고 습한 장마철에는 불쾌지수가 높습니다.
(2) 불쾌지수는 개인에 따라 받아들이는 정도가 다릅니다.

6 • 각도: 생각의 방향이나 관점. 또는 한 점에서 갈리어 나간 두 직선의 벌어진 정도.
• 증폭: 사물의 범위가 늘어나 커짐. 또는 사물의 범위를 넓혀 크게 함.
• 불쾌: 못마땅하여 기분이 좋지 아니함.

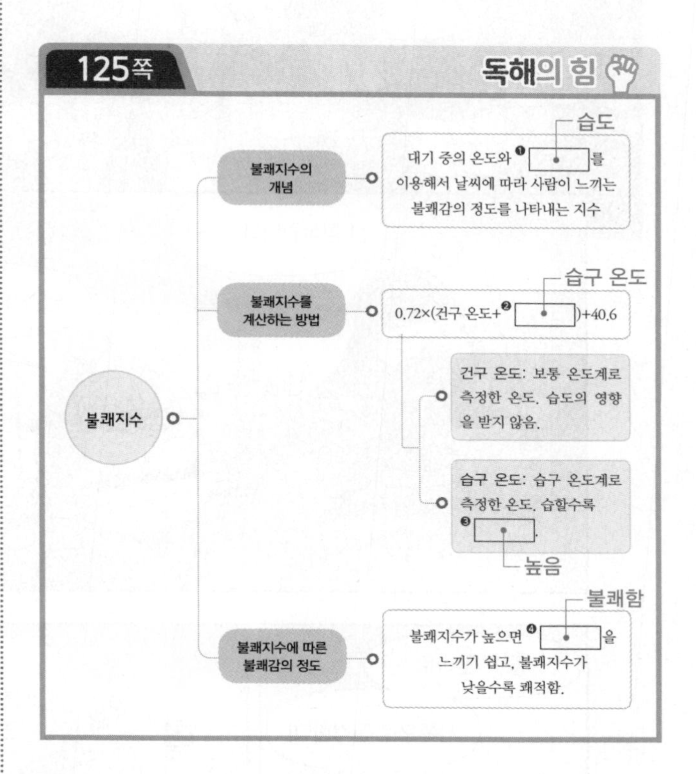

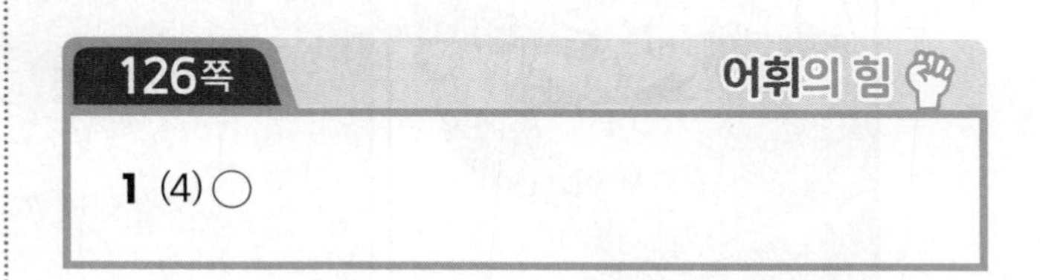

1 "처서가 지나면 모기 입이 비뚤어진다더니, 정말 여름이 가고 가을이 오려나 봐."가 속담을 활용한 문장으로 알맞습니다.

재미있는 사자성어

독불장군

「똑똑한 하루 어휘」 5단계 발췌

memo